KB090944

아르헨티나 경제는
왜 쪽망했을까요?

10대 이슈톡_09

아르헨티나 경제는 왜 폭망했을까요?

초판 1쇄 발행 2024년 6월 25일

지은이 유세종
펴낸곳 글라이더
펴낸이 박정화
편　집 이고운
디자인 디자인뷰
마케팅 임호

등록 2012년 3월 28일 (제2012-000066호)
주소 경기도 고양시 덕양구 화중로 130번길 32(파스텔프라자 405호)
전화 070) 4685-5799
팩스 0303) 0949-5799
전자우편 gliderbooks@hanmail.net
블로그 https://blog.naver.com/gliderbook
ISBN 979-11-7041-147-5 (43320)

아르헨티나 경제는 왜 폭망했을까요?

10대 이슈톡 ⑨ Teenage Issue Talk

유세종 지음

글라이더

저는 서른 살이 넘어서 KDI 국제정책대학원에 입학해 뒤늦게 경제학을 배웠습니다. 경제학은 어려웠지만 흥미로웠습니다. 경제학을 통해 사회 현상을 체계적으로 이해할 수 있었고, 비판적 사고와 합리적인 의사결정 능력을 개선할 수 있었습니다. 이 책을 쓰게 된 이유는 우리나라 교육 시스템에서 경제 교육이 부족하다는 것을 느꼈기 때문입니다. 2023년 기획재정부가 발표한 '2022년 초·중·고 학생 경제이해력 조사' 결과에 따르면, 초등학생(6학년)은 평균 65점, 중학생(3학년)은 58점, 고등학생(2학년)은 57점으로, 학생들의 경제이해력이 기본 개념과 원리에 대한 이해가 부족한 것으로 드러났습니다.

디지털과 인공지능 기술이 등장한 이후 정보의 양이 기하급

수적으로 늘어났습니다. 하버드대의 물리학자 새뮤얼 아브스만(Samuel Arbesman)은 "현대 사회에서 지식과 정보의 유효기간이 갈수록 단축된다"라고 말했고, 하버드대의 토니 와그너(Tony Wagner) 교수는 "전통 사회에서 복종하는 법을 배우고 점수 잘 받는 학생들은 정상으로 올라가지만 현대 사회는 다른 유형의 교육 체계가 필요하다"라고 말했습니다. 입시 위주의 교과목으로 수업을 편성하고 단편적 지식을 암기하는 시험 위주의 교육 방식은 현대 사회에 적합하지 않습니다. 경제학은 학생들이 정보의 유용성을 판단할 수 있게 하고, 빠르게 변화하는 미래에 대비할 수 있는 유용한 공부입니다. 이 책에서 소개하는 12개의 사례를 통해 경제 원리가 현실 세계에서 어떻게 적용되는지를 살펴볼 것입니다.

1장에서는 아르헨티나, 홍콩, 그리고 트레이더 조스의 에코백을 통해 국가의 부와 번영을 결정하는 요소, 골디락스 경제, 일물일가의 법칙, 희소성과 같은 경제학의 원칙이 국가 경제와 우리 생활에 어떤 영향을 미치는지를 알아봅니다. 아르헨티나의 경제를 통해 포퓰리즘이 국가 부채와 경쟁력에 미치는 영향을 알아보고 특정 국가가 왜 실패하고 번영하는지에 대한 3가지 이론을 살펴보겠습니다. 홍콩 사례를 통해 골디락스 경제가 무엇인지 알아보며 다국적 기업이 홍콩에서 싱가포르로 이동하는 이유를 분석해 보겠습니다. 미국의 대형마트, 트레이더 조스의 에코백을 통해 일물일가의 법칙을 알아보고, 현실에서 일물일가의 법칙이 지켜지지 않는 이유를 파헤쳐 보겠습니다.

2장에서는 주식시장, 부동산시장, 가상 화폐 자산에 대해 다룹니다. 역사상 최대 규모의 폰지 사기를 저지른 버니 메이도프와 비윤리적인 제약회사 발리언트 사례를 통해 주식시장과 자산 가치를 평가하는 방법을 설명하고, 말레이시아 조호르바루에 있는 포레스트 시티를 통해 부동산과 한계효용체감의 법칙을 살펴보겠습니다. 금융기관에 대한 불신과 분노를 연료 삼아 탄생한 탈중앙화된 화폐 결제 시스템, 비트코인의 등장 배경을 알아보겠습니다. 비트코인이 혁신적인 이유와 비트코인의 한계, 그리고 비트코인이 실물경제에 미치는 영향을 분석해 볼게요.

3장에서는 중앙은행의 역할과 경기 침체 및 인플레이션의 관계를 살펴보겠습니다. 경기가 과열되면 소비가 늘어 기업의 생산과 투자가 증가합니다. 인플레이션이 지나치게 상승하면 중앙은행이 개입하여 물가를 관리하게 됩니다. 중앙은행이 2%의 인플레이션 목표를 가지게 된 배경과 이유를 살펴보고, 경기 침체를 판단하기 위해 어떤 정보를 분석하고 어떤 도구를 사용하는지 알아보겠습니다.

마지막으로 4장에서는 미래의 경제와 사회에 대비하는 방법을 논의합니다. 수요와 공급 곡선 분석을 통해 수많은 대학이 폐교하는 원인을 알아보고, 대학 졸업자는 급격히 증가했으나 좋은 일자리가 부족한 중국 경제를 분석해 보며 중국 청년들이 바닥에 납작 누워있는 이유를 파헤쳐 봅니다. 역사적 사례를 통해 기술의 발전이 어떻게 승자와 패자를 만드는지 알아보고, 인공지능이 일자리에 미치는 영향을 논의해 보겠습니다. 또한, 서울 집중 현상과 50년 이상 지속되고 있는 지역 불평등 문제를 살펴보겠습니다. 수도권 인구 집중과 지방 소멸의 원인을 알아보고 이에 대한 해결 방법을 찾아보겠습니다.

경제학 공부는 정보의 유용성을 판별하고 합리적인 의사결정을 내릴 수 있는 능력을 길러줍니다. 학생들이 경제학적인 사고를 통해 세상을 보는 시각을 확장하여 합리적인 의사결정 능력을 갖출 수 있기를 바랍니다. 이제 경제학의 흥미로운 세계로의 여정을 시작합니다.

유세종

차례

프롤로그   4

1장. 세계 경제의 이해

| 포퓰리즘과 국가의 부 | 14

아르헨티나의 경제는 왜 폭망했을까요?

아르헨티나 경제는 왜 이렇게 망가졌을까요? | 3명 중 1명이 공무원? | 국제통화기금(IMF)에서 가장 많은 돈을 빌린 국가는? | 달콤한 페론주의자들의 복지 및 고립 정책, 그 결과는?

똑똑이 아이템 1 무엇이 국가의 부를 결정하는가?   27

| 골디락스 경제와 다국적 기업 | 30

홍콩의 위기는 한국의 기회다!

'골디락스와 곰 세 마리' 줄거리 | 중국과 너무 가까워진 홍콩? | 홍콩을 변화시킨 것은? | "우리 이제 그만합시다" 떠나는 다국적 기업들… | 어떤 다국적 기업이 어디로 이전했을까? | 한국이 아닌 싱가포르를 선택한 이유는? | 한국은 경쟁력이 없나요?

똑똑이 아이템 2 글로벌 인재는 어떤 사람일까요?   46

| 일물일가의 법칙과 희소성 | 48

미국에서 3달러 하는 트레이더 조스 에코백이 한국에서는 2만 원?
일물일가의 법칙! | 현실에서 일물일가의 법칙은 항상 지켜질까요? | 동일
국가 내에서 일물일가의 법칙은 항상 성립할까요? | 미국인은 물론이고 한
국인까지 열광하는 트레이더 조스 | 트레이더 조스의 성공 비결 | 계속해서
변화하는 트레이더 조스의 판매 물품

2장. 자산의 이해

| 주식시장과 가치평가 | 58

주식시장과 미끄러운 경사면 이론
놀랍게도 두 퀴즈의 정답은 같은 사람이에요 | 20년 넘게 손실 없는 투자
가 가능할까요? | 투자를 하지 않고 어떻게 투자 수익금을 마련하나요? |
탐욕이 부른 비극, 제약회사 발리언트 | 주가는 왜 이렇게 변동성이 크죠?
| 단기적으로 주가를 올리기 위한 무리수 | 발리언트의 3가지 전술은 지속
가능할까요? | 두 사례에서 공통적으로 적용되는 윤리적 이론은? | 미끄러
운 경사면 이론

똑똑이 아이템 3 가치를 어떻게 평가할까요? 76

똑똑이 아이템 4 주식시장은 미인대회? 79

| 부동산과 한계효용체감의 법칙 | 83

말레이시아의 유령도시, 포레스트 시티
부동산의 의미는? | 지난 30년간 중국의 높은 경제 성장을 이끈 부동산 개
발사업 | 과유불급, 모든 것은 지나치면 화가 됩니다 | 최고급 시설, 그러나

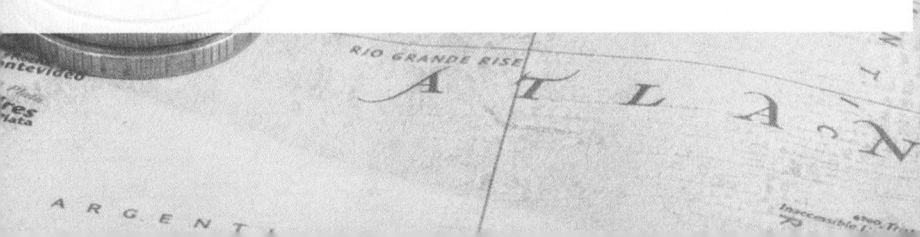

사람이 살지 않는 유령 도시? | 문제는 하나가 아니라는 것! | 하나, 둘 터지는 대형 부동산 개발회사들 | 부동산 개발회사들의 파산이 경제에 미치는 영향은?

똑똑이 아이템 5 한계효용체감의 법칙과 생산성 · 92

| 암호화폐와 실물경제 | · 95

비트코인 등장과 실물경제

더 이상 은행을 못 믿겠다! | 거래의 중간자, 은행을 빼고 가자! | 탈중앙화된 화폐 결제 시스템, 비트코인 | 비트코인의 연도별 가치는? | 연쇄적으로 붕괴된 암호 화폐 산업 | 백마 탄 기사 FTX는 암호 화폐 산업을 살릴 수 있었을까요? | 암호 화폐 산업의 붕괴가 실물 경제에 큰 영향을 미치지 않은 이유? | 은행들이 암호 화폐 산업에 적극적으로 대출하지 않은 이유는? | 암호 화폐 산업 규제가 필요할까요? | 암호 화폐를 얼마나 믿을 수 있을까요?

똑똑이 아이템 6 혁신을 선도하는 비트코인 · 113

3장. 중앙은행의 역할

| 인플레이션 | · 116

중앙은행이 2%의 인플레이션을 목표로 하는 이유

인플레이션을 낮추기 위해 중앙은행이 취하는 조치는? | 중앙은행의 인플레이션 목표가 왜 2%일까요? | 뉴질랜드 중앙은행이 인플레이션 목표를 설정하고 대중에게 발표한 이유는? | 골디락스와 2% 인플레이션 | 너무 높은 인플레이션이 일으키는 문제! | 너무 낮은 인플레이션이 일으키는 문제! | 인플레이션 2%는 모두가 동의하는 목표인가요?

| 경기침체 | 128

누가 경기침체를 결정하는가?

경기침체를 결정하는 사람들 | 경기침체는 어떻게 결정되나요? | 누가 기준금리를 결정하나요? | 기준금리는 아무 때나 변경할 수 있나요? | 기준금리는 어떤 절차를 거쳐서 결정되나요?

똑똑이 아이템 7 한국은행의 통화정책방향 결정회의　　137

4장. 미래 사회와 경제

| 수요와 공급 곡선 | 140

수많은 대학교가 폐교하는 이유는?

편익-비용 분석으로 본 대학 폐교의 원인 | 수요-공급 곡선 분석을 통해 본 대학 폐교의 원인 | 학령인구가 감소한다는 것은 사실입니다. 그렇다고 대학교는 전혀 책임이 없을까요? | 일류 대학으로의 쏠림 현상이 두드러지는 미국의 대학교 | 대학이 고민해야 하는 문제

| 청년실업률 | 154

중국 대학 졸업생이 '풀타임 어린이'가 되는 이유는?

중국에서 대학 졸업자 수가 급격히 증가한 원인은? | 대학 졸업자의 증가는 사회·경제적으로 좋은 일 아닌가요? | 중국 대학의 졸업생들은 왜 기쁜 날에 이상한 사진을 올릴까요? | 대학 졸업생이 '풀타임 어린이'라고요? | 중국의 청년 실업률만 유독 심각한 이유는? | 높은 청년 실업률이 중국에 미치는 영향은?

| 기술 발전 |　166

인공지능이 나의 일자리를 빼앗아 갈까요?

전문직이 ChatGPT를 두려워하는 이유는? | 기술의 발전에 대한 두려움 |
ChatGPT는 어떻게 인간의 일자리를 대체할까요? | ChatGPT가 생산성에
미치는 영향은? | 인공지능은 어떤 직업에 가장 큰 영향을 줄까요?

| 사회기반시설 |　177

가난한 지역을 부유한 지역으로 만드는 방법

수도권으로 인구가 몰리는 이유는? | 지방 불평등 문제의 해결 방안은? |
사회기반시설 투자는 누가 어떻게 결정하는 건가요? | 편익-비용 분석이
란? | 편익-비용 분석은 완벽한 의사결정 도구일까요? | 사회기반시설 투자
결정에 추가로 고려되어야 할 사항은?

똑똑이 아이템 8 지역 불평등을 완화한 독일의 정책　188

참고 문헌　192

1장.
세계 경제의 이해

아르헨티나의 경제는
왜 폭망했을까요?

2022년 카타르 월드컵의 우승컵은 어느 국가가 가져갔을까요? 정답은 아르헨티나로, 월드컵 결승전에 6번이나 진출해서 3번을 우승한 자타가 공인하는 축구 강국입니다. 아르헨티나의 영웅인 마라도나와 메시는 축구 역사상 가장 유명한 인물 중 하나입니다.

아르헨티나가 축구를 잘한다는 것은 잘 알려진 사실이니까, 조금 더 어려운 질문을 드려 볼게요. 축구 강국인 아르헨티나는 경제 분야에서도 강국일까요? 축구 A매치 맞대결에서 대한민국 축구 대표팀은 아르헨티나 축구 대표팀을 한 번도 이기지 못했지만, 대한민국 경제는 아르헨티나 경제를 압도하고 있어요.

월드컵에서 3번이나 우승을 차지한 축구 강국, 아르헨티나

남아메리카에 있는 다수의 개발도상국과 달리 아르헨티나는 과거에는 경제 강국이었어요. 1860년대부터 1930년까지 비옥한 토지를 보유한 아르헨티나는 잘 사는 국가 중 하나였어요. 불과 40년 전인 1980년까지만 해도 아르헨티나인의 1인당 국민소득은 한국인의 5배 수준이었어요. 40년이 흐른 현재, 평균적으로 아르헨티나인과 한국인 중 누가 더 잘 살까요? 2021년 기준으로 보면 한국인이 아르헨티나인보다 2.5배 더 많은 소득을 기록하고 있어요.

점차 가난해지는 아르헨티나

지난 40년 동안 아르헨티나 경제는 성장 없는 경기 침체 상태를 지속했어요. 수도인 부에노스아이레스(Buenos Aires)에 위치한 식료품점에서 파는 우유, 과자, 초콜릿의 가격은 매일 상승합니다. 심지어, 같은 날 오전 10시의 우유 가격보다 오후 6시의 우유 가격이 더 비쌀 때도 있어요. 우리가 소비하는 물건과 서비스의 가격이 오르는 것을 인플레이션(Inflation)이라고 해요. 우리나라와 같이 2~3%의 낮은 인플레이션을 기록하는 국가는 인플레이션이 경제에 미치는 영향이 크지 않아요. 하지만, 인플레이션이 5% 이상이 될 경우, 국가 경제에 혼돈을 주고 경제 위기를 초래할 수 있어요. 코로나19가 종식되고 미국, 한국, 영국 등 선진국은 이전 대비 높아진 10%대의 인플레이션에 화들짝 놀라 비상

대책을 마련했어요.

　놀랍게도 2024년 1월 기준, 아르헨티나의 인플레이션은 254%에요. 아르헨티나보다 높은 인플레이션을 기록하는 국가는 최빈국인 베네수엘라와 레바논뿐이에요. 빠르게 물건과 서비스의 가격이 상승하는 높은 인플레이션으로 인해 아르헨티나 자국 화폐인 페소의 가치는 빠르게 감소하고 있어요. 아르헨티나 국민들은 가치가 감소하는 페소가 아닌 안정적인 달러를 가지고 있길 원합니다. 아르헨티나 공식 환율에 따르면 한 달에 200달러까지 합법적으로 달러를 구입할 수 있어요. 200달러 이상을 환전하기 위해서는 불법 거래 시장으로 가야 합니다. 불법 거래 시장에서 달러를 사기 위해서는 공식 환율보다 더 비싼 가격을 지급해야 합니다. 아르헨티나에서 급성장하는 달러 불법 거래 시장의 존재만으로도 아르헨티나 경제의 심각성을 알 수 있어요. 아르헨티나 경제는 1980년대까지 세계 순위 10위권에 있다가 지금은 60위권에도 들지 못할 정도로 경제 순위가 떨어졌어요.

아르헨티나 경제는 왜 이렇게 망가졌을까요?

하나의 잘못된 결정이 아르헨티나 경제를 망친 것은 아닙니다.

지난 수십 년 동안 아르헨티나 국민은 선거를 통해 좋지 않은 지도자를 선출했어요. 아르헨티나의 정치와 경제 지도자들이 잘못된 경제 정책을 도입하면서 경제가 점진적으로 망가졌어요.

과거 부유했던 아르헨티나의 경제 쇠퇴 원인으로 세계화를 역행한 고립주의와 복지 포퓰리즘을 꼽을 수 있어요. 아르헨티나의 복지 포퓰리즘은 페론주의(Peronism)라고도 불립니다. 페론주의는 후안 페론과 에바 페론 부부가 추진한 정책과 이념을 의미해요.

페론주의자는 노동자에게 표를 얻기 위해 급격한 임금 인상을 도입했고, 엄청난 국가 재정이 투입되어야 하는 복지 제도를 만들었어요. 또한, 글로벌 경쟁으로부터 노동자를 보호하기 위해 경제적 고립주의를 채택했어요. 외국 자본을 아르헨티나에 들어오지 못하게 하고 철도, 통신, 가스 등의 산업을 국가의 소유로 만들고 국내에서 경쟁하지 않게 했어요. 경쟁이 없다면 어떻게 될까요? 경쟁하지 않으니 노력하지 않게 되고, 크게 티 나진 않지만 조금씩 경쟁력이 떨어지게 됩니다. 여러분이 다니는 학교에 10개의 학급이 있다고 가정해 봅시다. 1반 선생님은 경쟁은 나쁜 것으로 생각하여 모든 시험을 완벽히 폐지했어요. 당장은 1반 학생이 좋을 수 있겠죠? 하지만 시간이 갈수록 경쟁이 없는 1반 학생들

후안 페론(Juan Peron)과 에바 페론(Eva Peron)

은 다른 반 학생들보다 학업 능력이 떨어질 수밖에 없어요. 시험이 없는 1반 학생끼리는 단기적으로 경쟁하지 않아도 되지만, 장기적으로 볼 때 다른 반 학생들, 더 나아가 다른 학교 학생들과 경쟁해야 하는 상황이 올 수밖에 없어요.

페론주의는 아르헨티나를 세계와 단절시켰어요. 경쟁이 없어 노력하지 않는 1반 학생들처럼 시간이 갈수록 아르헨티나의 산업과 기업은 다른 국가 대비 생산성이 떨어졌어요. 산업과 기업의 경쟁력이 약화되면 수출이 줄어들게 되고, 국가의 부는 지속해서 감소합니다.

국가의 부가 감소함에도 불구하고, 아르헨티나는 복지 프로그램 운영과 가격 보조금 등을 위해 정부 지출 규모를 늘려왔어요. 전기 보조금을 살펴보면 아르헨티나 정부가 얼마나 많은 돈을 보조금으로 사용하는지 알 수 있어요. 보조금이란 정부가 직접 또는 간접적으로 공익상 필요한 경우에 지급하는 금전적인 혜택이에요. 유럽인의 한 달 기준 전기 요금은 5만 원 수준이며, 한국인은 1.5만 원 수준이에요. 우리나라는 시장형 공기업인 한국전력이 손해를 보면서 낮은 가격으로 전기를 공급하기 때문에 한국인의 전기세는 유럽인보다 낮아요. 즉, 우리나라의 전기 보조금이 유럽의 전기 보조금보다 높다는 의미입니다. 놀랍게도, 아르헨티나인은 한국인보다 3배 낮은 전기세를 부담해요. 보조금으로 인한 낮은 전기세가 겉으로는 좋아 보일 수 있지만, 장기적으로는 국가 재정에 부담이 됩니다. 국가의 부채는 국민 모두가 짊어져야 할 짐이 됩니다. 아르헨티나 정부는 현재 국내총생산(GDP)의 2%에 해당하는 재원을 다양한 보조금으로 지출하고 있어요.

3명 중 1명이 공무원?

한국은 10명 중 1명이 공공 부문에서 일하지만, 아르헨티나는

3명 중 1명이 공공 부문에서 일하고 있어요. 공공 부문이 민간 부문보다 지나치게 커지게 되면 비효율성은 증가하고 국가 재정에 큰 부담이 됩니다. 정부는 공공 부문에서 일하는 거대한 규모의 인력에게 급여와 연금을 지출해야 합니다. 아르헨티나 정부는 지난 13년 동안 재정 적자를 지속하고 있어요. 세금으로 들어오는 수입보다 정부 지출이 13년 연속으로 컸기 때문에 정부 부채는 갈수록 커지고 있어요. 13년 연속 버는 돈보다 쓰는 돈이 많으면 일반 기업이나 가계는 벌써 망했겠죠? 아르헨티나 정부는 채권을 발행하거나 중앙은행이 화폐를 발행하여 겨우 버티고 있어요. 그러나 현재와 같은 상황이 지속된다면 아르헨티나 정부는 망할 수 있어요. 현재 아르헨티나는 생활고에 시달리는 국민을 힘들게 하는 세금 증액을 할 수 없는 상황이에요. 또한, 중앙은행이 페소를 찍어낼수록 페소의 가치는 떨어지고 아르헨티나의 인플레이션은 상승하여 경제 혼란은 가중되고 경제는 침체합니다.

국제통화기금(IMF)에서 가장 많은 돈을 빌린 국가는?

아르헨티나의 과도한 정부 부채로 인해 해외투자자는 아르헨티나 국채에 투자하는 것을 꺼리고 있어요. 이런 상황에서 아르헨티나가 손을 벌릴만한 곳은 국제통화기금(IMF) 뿐이에요. 전 세

갈수록 증가하는 아르헨티나 정부의 부채

계에서 국제통화기금으로부터 가장 많은 돈을 빌린 국가는 아르
헨티나에요. 국제통화기금으로부터 빌린 돈에 있어서 아르헨티
나는 독보적인 위치에 있어요.

아르헨티나 정부의 골치아픈 문제는 국제통화기금으로부터
빌린 대출금을 페소가 아닌 미국 달러로 상환해야 한다는 것이에
요. 대출금 상환을 위해 아르헨티나 정부는 수출에 대한 과도한
세금을 매기고 있어요. 아르헨티나 농부가 대두를 수출할 때 정
부가 부과하는 수출세는 무려 33%입니다. 가난한 나라였지만 현

재 경제 강국이 된 우리나라, 일본, 중국은 아르헨티나와 반대되는 유치산업보호론을 바탕으로 한 산업 정책을 성공적으로 추진하여 경제를 발전시켰어요.

유치산업보호론은 "국가는 경쟁력이 떨어지는 자국 기업을 외국기업과 경쟁할 수 있을 때까지 보호하고 수출할 수 있도록 도와줘서 경쟁력을 키워야 한다."는 이론이에요. 쉽게 생각하면, 초등학생(가난한 나라)이 대학생(부자 나라)과 축구로 경쟁하면 질 수밖에 없겠죠? 초등학생이 충분히 성장해서 경쟁할 수 있도록 부모(국가)가 지원해 줘야 한다는 것이 유치산업보호론이에요. 여러분이 잘 알고 있는 삼성전자, LG전자, 현대자동차와 같은 다국적 기업도 60년 전에는 세계 시장에서 경쟁할 수 없는 약소 기업이었어요. 우리나라 정부가 이와 같은 기업을 해외 기업으로부터 보호하여 점진적으로 경쟁력을 키웠기 때문에 현재의 다국적 기업이 될 수 있었던 것입니다.

그러나, 아르헨티나는 한국, 중국, 일본 등이 성공적으로 추진한 유치산업보호론 바탕의 산업 정책과 정반대의 산업 정책을 추진하고 있어요. 수출세를 올리게 되면 자국 상품의 경쟁력이 낮아지고, 수출량은 감소하며 국가의 부는 궁극적으로 감소합니다.

달콤한 페론주의자들의 복지 및 고립 정책, 그 결과는?

페론주의자들은 달콤한 복지 포퓰리즘으로 감언이설하여 국민 다수의 마음을 얻어 정권을 잡았어요. 하지만, 복지 포퓰리즘은 사실 독약 바른 사탕이었어요. 복지 포퓰리즘은 아르헨티나가 감당할 수 없는 국가 부채와 인플레이션을 남겼어요. 아르헨티나 경제는 엉망이 되었고 그 피해는 국민이 짊어져야 하는 짐이 되었어요. 후안 페론은 무려 50년 전 대통령이지만, 안타깝게도 아르헨티나 경제와 정치는 여전히 페론주의에서 벗어나지 못하고 있어요. 아르헨티나는 지난 20년 동안 16년을 페론주의자들이 집권하여 정치와 경제를 좌지우지했어요. 아르헨티나 국민은 엉망이 된 경제와 정치에 대한 신뢰를 잃었어요.

2023년 11월, 소수 정당 대표인 하비에르 밀레이(Javier Milei)는 페론주의자들을 거세게 비판했어요. 대통령 유세 때는 전기톱을 들고 정부의 불필요한 모든 예산을 잘라버리겠다는 공약을 했어요. 정부 부처를 18개에서 8개로 감축, 공기업을 민영화, 노동자의 권리 축소, 각종 보조금 삭감 등을 공약으로 내세우며 제48대 대통령으로 당선되었어요. 아르헨티나 최초의 비주류 아웃사이더 출신 대통령이 선출된 사건은 변화에 대한 아르헨티나 국

전기톱 유세를 하고 있는 하비에르 밀레이 대통령

민의 열망을 보여줍니다. 변화에 대한 열망에도 불구하고 아르헨티나의 경제 상황은 좋지 않습니다. 2024년 1월 기준 인플레이션은 254.2%를 기록했고, 빈곤율은 20년 만에 최고치인 57.4%를 기록했습니다. 2024년 4월 현재, 살인적인 물가와 생존에 위협을 받는 수천 명의 시위대가 거리로 나와 밀레이 정부를 비판하고 있어요. 밀레이 대통령은 "현재의 높은 물가와 빈곤율은 기존 페론주의자들의 유산이며 변화를 위한 과도기에 있기 때문에 단기적 고통이 있을 수밖에 없다"라고 언급했어요. 대통령이 취임한지 4개월밖에 안 된 만큼 밀레이 정부의 방향성을 지켜봐야 할 것입니다. 분명한 사실은 현재 밀레이 정부와 아르헨티나는 위험하고 중요한 시험대를 맞이하고 있다는 것입니다.

세상에 공짜 점심은 없어요. 유일한 해결책은 모든 국민이 피와 땀과 눈물로 고통을 감내하고 정부 지출을 줄여야 해요. 국가와 기업, 개인 모두 너무 많은 부채를 지게 되면 생존할 수 없게 됩니다.

가난한 국가가 부자 국가가 되는 것은 기적적인 일이에요. 우리나라는 1960년 최빈국에서 2024년 경제 선진국으로 도약한 기적을 만든 자랑스러운 국가입니다. 이에 반해, 부자 국가가 가난한 국가가 되는 것은 한순간이에요. 피땀 흘리는 노력 없이 과실만 따먹을 수 있다는 달콤한 복지 포퓰리즘은 국가를 좀먹을 수 있기 때문에 우리 모두가 경계해야 합니다.

" 토론거리

아르헨티나와 달리 우리나라는 높은 경제 성장률을 기록했어요. 한국이 높은 경제 성장률을 기록한 이유와 국가의 부와 발전 속도에 영향을 주는 것이 무엇인지 논의해 봅시다.

무엇이 국가의 부를 결정하는가?

개발 경제학은 어떤 요소가 국가의 부와 발전 속도에 큰 영향을 미치는지 이해하고자 하는 학문이에요. 사회과학(경제학)은 자연과학(물리학)과 달리 특정 현상에 대한 원인을 완벽히 설명할 수 없어요. 따라서, 국가의 부와 발전 속도에 영향을 주는 요소를 설명하고자 하는 다양한 경제학 이론이 있어요.

인종파 : 특정 인종의 고유한 우월성과 열등성이 중요.

경제 발전의 불평등이 본질적인 지적, 문화적 차이로 인해 발생한다고 보는 이론이 있어요. 유럽중심주의 또는 백인 우월주의는 유럽 문화의 타고난 우월성을 주장했어요. 한때 유럽중심주의는 식민주의와 다른 형태의 제국주의에 대한 지지 이론으로 사용되기도 했어요. 하지만, 유럽중심주의와 같은 인종 계층 이론은 특정 인종의 고유한 우월성과 열등성을 주장하며 차별적 관행을 정당화했다는 비판을 받고 있으며 학술적인 근거도 부족하여 현재 학계와 사회에서 인정하지 않는 이론이에요.

환경파: 환경적 요인이 중요.

환경파는 환경적인 요인이 국가마다 다른 발전 수준을 갖는 주요 원인으로 평가해요. 식물을 쉽게 재배할 수 있고 동물을 쉽게 길들일 수 있는 지리적 이점이 있는 지역은 식량을 많이 생산할 수 있어요. 지리적 이점이 있는 지역은 다른 분야에 연구, 개발할 수 있는 잉여 식량이 생겨 사회가 보다 빠르게 발전할 수 있다고 주장합니다. 환경적 요인으로 발생한 문명의 수준 차이가 국가의 부와 발전 속도를 결정한다고 보는 것입니다. 예를 들어, 수천 년간 석기시대 수준의 문명에서 자라난 파푸아뉴기니 원주민은 어느 날 서구 문명을 만났어요. 원주민의 아들은 현대적인 교육을 받고 자라서 비행기 조종사가 됩니다. 이와 같은 사례는 원시적인 부족사회의 인간이라고 해도 유전적으로 지능이 떨어지는 것이 아니며, 환경적인 요인이 개인과 사회에 큰 영향을 미친다는 것을 보여줍니다.

제도파: 한국과 북한을 보세요! 제도가 중요.

제도파는 제도가 중요하다고 주장하는 이론입니다. 모든 국민의 정치적, 경제적 참여를 촉진하는 포용적 제도는 국가 경제를 발전시키는 반면, 권력과 부를 소수의 손에 집중시키는 착취적 제도는 국가 경제를 파멸시킨다고 봅니다. 안전한 재산권과 평등한 기회로 대표되는 포용적 제도는 혁신과 경제 다각화를 촉진합니다. 이에 반해, 소수의 엘리트에게 혜택을 주기 위해 고안된 착취 제도는 발전을 방해합니다. 제도의 중요성을 가장 잘 보여주는 사례는 한국과 북한이에요. 한국과 북한은 한민족이나 분단된 이후 완전히 다른 궤적의 경제 성장을 보여왔어요. 한국도 처음에는 권력과 부가 소수의 손에 집중되었으나 많은 사람의 희생과 노력으로 포용적 제도를 갖추게 되었고, 성공적으로 경제를 발전시킬 수 있었어요. 안타깝게도 북한은 아직도 착취적 제도를 두고 있어요. 1970년대 남한과 북한의 1인당 국민소득은 큰 차이가 없었지만, 약 50년이 지난 2021년 기준 남한의 1인당 국민소득은 북한의 53배에 달해요.

여러분들이 생각할 때는 어떤 이론이 가장 설득력이 있나요?

경제 용어 풀이

1인당 국민소득 : 우리나라 국민이 국내는 물론 해외에서 생산활동에 참여한 대가로 벌어들인 명목 총소득을 우리나라 인구수로 나눈 값으로 국민의 평균적인 생활 수준을 알아보기 위해 사용됨.

국제통화기금(IMF) : 국제통화 및 금융제도의 안정을 도모하기 위한 국제금융기구로서 미국 워싱턴에 본부를 두고 있음.

빈곤율 : 전체 인구 중 가계 소득이 빈곤선(poverty line)에 미치지 못하는 인구의 비율.

빈곤선 : 빈곤선이란 중위소득(median income)의 50%에 해당하는 수치임.

홍콩의 위기는
한국의 기회다!

홍콩을 생각하면 어떤 것이 가장 먼저 떠오르나요? 저는 아시아 금융 중심지, 고층 건물이 만들어 낸 멋진 스카이라인, 문화적 다양성이 생각납니다. 홍콩은 지리적, 문화적으로 중국 본토와 가까워요. 과거 영국의 통치를 받았기 때문에 홍콩 사람들은 원활한 영어 커뮤니케이션을 할 수 있어요.

홍콩은 중국의 정치 체제인 공산주의 안에 있으면서도 자본주의 경제를 받아들인다는 '일국 양제' 원칙에 따라 도시가 운영되고 있어요. 홍콩은 중국의 거대 시장과 가깝고 영어권 문화를 가지고 있어요. 문화적 다양성을 바탕으로 글로벌 비즈니스를 할

홍콩의 아름다운 스카이라인

수 있고 중국 진출의 전초 기지로 삼을 수 있으니 수많은 다국적 기업의 아시아 본사가 홍콩에 자리 잡았어요. 중국과는 다른 법률 시스템, 독립적인 사법권, 영어 커뮤니케이션, 서구식 문화는 글로벌 도시, 홍콩의 경쟁적 이점이었어요.

홍콩은 "중국과 가깝지만, 너무 가깝지는 않다"라는 골디락스 경제를 어필하며 다국적 기업을 유치했어요. 골디락스 경제? 어디서 많이 들어본 단어 아니에요? 어렸을 때 읽었던 "골디락스와 곰 세 마리"에 나온 표현이에요. 너무 오래전에 읽어서 기억이 나지 않을 수도 있으니, 줄거리를 설명해 볼게요.

'골디락스와 곰 세 마리' 줄거리

곰 세 마리가 숲속의 한 집에서 함께 살고 있었어요. 세 마리 곰은 각각 자신의 죽 그릇, 의자, 침대를 가지고 있었어요. 어느 날, 곰들은 아침으로 죽을 끓였지만, 너무 뜨거워 먹지 못하고 죽이 식을 때까지 숲속을 산책하기로 했어요.

이때, 예쁜 금발 머리 소녀 골디락스(Goldilocks)는 숲속을 헤매다 곰이 살고 있는 오두막을 발견했어요. 노크했지만 아무도 나오지 않아서 골디락스는 그냥 들어갔어요. 부엌에 간 골디락스는 죽 세 그릇이 식탁에 놓여 있는 것을 발견했어요. 첫 번째 죽과 두 번째 죽은 각각 너무 뜨겁거나 차가웠고, 세 번째 죽은 딱 적당해서 골디락스는 세 번째 죽을 맛있게 먹었어요. 식사를 마치고 골디락스는 거실로 갔어요. 거실에는 세 개의 의자가 있었는데, 첫 번째 의자와 두 번째 의자는 너무 크거나 작아서 앉을 수 없었고, 세 번째 의자는 딱 맞아 골디락스는 편하게 앉았어요. 앉으니 눕고 싶다는 말이 있듯이, 골디락스는 더 편하게 쉬고 싶었어요.

곰이 살고 있었던 오두막집을 들어간 골디락스

골디락스는 침실로 들어갔어요. 침실의 첫 번째와 두 번째 침대는 너무 딱딱하거나 푹신해서 잘 수가 없었고, 딱 맞는 세 번째 침대에서 골디락스는 잠이 들었어요.

'골디락스와 곰 세 마리' 이야기는 너무 유명해서 여러 가지 상황에서 적용돼요. 골디락스는 너무 뜨겁지도 차갑지도 않은, 너무 크지도 작지도 않은, 너무 딱딱하지도 푹신하지도 않은 딱 적당한 상태를 나타내요. 경제학에서 골디락스 경제라고 말할 때는 경제에 영향을 줄 수 있는 인플레이션이나 실업률이 적당한 상태를 의미해요. 지금 보고 있는 홍콩의 골디락스 경제는 중국과 너무 가깝지도 멀지도 않은 이상적인 경제 상태를 표현하고 있어요.

중국과 너무 가까워진 홍콩?

중국과 적당히 가깝다는 것이 홍콩의 큰 강점이었으나, 2024년 현재 홍콩은 중국과 너무 가까워져 버렸어요. 1997년, 영국이 홍콩을 반환한 이후 중국은 빠른 속도로 중국의 정치와 문화를 홍콩에 이식했어요. 이른바 홍콩의 중국화가 빠르게 진행된 것이죠. 이에 따라, 그동안 원활히 작동했던 홍콩의 골디락스 경제는 중국의 엄격해진 관리로 점차 망가지기 시작했고 홍콩은 큰 위기를 맞고 있어요. 특히, 다수의 다국적 기업이 홍콩에서 철수하고 있어요. 홍콩 경제와 문화가 급격히 전환된 시점은 2020년이에요. 홍콩에서 광범위한 반정부 시위가 이어지자, 중국은 공산당에 대한 반대 의견을 처벌할 수 있는 권한을 부여하는 국가보안법을 2020년에 제정했어요. 올해, 홍콩 정부는 시위 운동을 상징하는 노래를 유튜브에서 삭제하려고 구글을 압박했어요. 홍콩 정부는 국가 안보를 위협한다는 이유로 노래 삭제를 요구했고 구글은 표현의 자유를 침해한다는 이유로 시위운동을 상징하는 노래 삭제를 반대하여 갈등이 고조되었어요. 노래 삭제에 대한 소송을

행정명령을 통해 홍콩과 중국을 압박하는 바이든 정부

담당한 판사는 이 사건에서 표현의 자유가 국가 안보보다 더 중요하다는 이유로 구글의 손을 들어주었지만, 홍콩 정부는 판결에 불복하며 다시 한번 재판을 요구했어요.

이와 함께 홍콩에 대한 중국의 영향력과 지배력이 강화되고 '일국 양제' 원칙이 무너짐에 따라 미국 정부는 더 이상 홍콩을 글로벌 파트너로 인정하지 않는다는 결정을 내렸어요. 미국 조 바이든(Joe Biden) 대통령은 미국 해외 투자에 대한 행정명령을 통해 홍콩을 중국 본토와 함께 투자를 피해야 하는 지역으로 지정했어요. 글로벌 비즈니스 허브로 유명했던 홍콩이 투자를 피해야 하는 지역으로 선정된 것이죠. 지금까지 살펴본 사례로 알 수 있듯이, 최근 5년 사이 홍콩은 정치, 경제적으로 큰 혼란을 겪고 있어요.

홍콩을 변화시킨 것은?

아시아 금융 중심지, 고층 건물이 만들어 낸 멋진 스카이라인, 문화적 다양성으로 대표되던 홍콩을 변화시킨 것은 무엇일까요? 엄격해진 국가 안보 관련 법률, 다국적 기업에 대한 규제, 미국과 중국 간 긴장 고조로 인한 미국의 제재 등이 홍콩의 경쟁력과 차별성을 무디게 한 원인으로 볼 수 있어요. 중국에 포함되긴 했지만, 중국과는 완전히 다른 문화와 경제가 있었던 홍콩은 현재 중국의 다른 도시와 크게 달라 보이지 않아요. 다시 말해, 홍콩과 중국 본토 도시 사이의 경계가 모호해진 것이죠.

　홍콩과 중국에서 어떤 일이 벌어졌는지 몇 가지 사례를 살펴볼게요. 2023년, 중국은 다국적 기업의 임원과 직원을 대상으로 강제 조사와 출국 금지 등 강력한 법적 조치를 취해 다국적 기업의 임직원을 불안에 떨게 했어요. 중국의 공안은 런던에 본사를 둔 광고 회사인 WPP의 계열사인 Group M의 현직 직원 1명과 전직 직원 2명을 뇌물을 받았다는 이유로 감옥에 가뒀어요. 또한, 중국 공산당은 민츠(Mintz) 그룹과 컨설팅업체 캡비전(Capvision) 사무실에 쳐들어가서 회사 내에 있는 문서를 조사했어요. 자유가 중시되던 과거의 홍콩에서는 생각할 수조차 없었던 탄압과 제재였어요. 중국은 승인되지 않은 통계 조사를 수행한 혐의로 민츠에 벌금을 부과했고, 국가 안보에 반하는 활동을 수행했다는 혐의로 캡비전을 압박했어요.

"우리 이제 그만합시다" 떠나는 다국적 기업들……

사실 다국적 기업은 몇 년 전부터 홍콩에 위치해 있었던 기업의 아시아 본부를 싱가포르, 일본 등으로 옮기기 시작했어요. 아시아 금융 및 비즈니스 허브로서 홍콩의 아성은 서서히 금이 가고 있어요.

홍콩에서 운영되는 미국 기업 수는 4년 연속으로 감소하여 2022년 6월 기준 1,258개예요. 적지 않은 숫자라고 생각될 수도 있지만, 2012년 이후 홍콩에서 활동하는 미국 기업은 지속해서

해외투자자가 이탈하면서 하락하는 홍콩 주식시장

감소하는 상황이에요. 이에 반해, 홍콩에서 활동하는 중국 기업은 지속해서 증가하여 2022년 미국 기업 수를 넘어섰어요. 불과 24년 전인 2000년대, 홍콩에서 활동하는 미국 기업은 중국 기업보다 3.5배 이상 많았는데 이제는 홍콩에서 활동하는 중국 기업이 미국 기업보다 많아졌어요.

영국계 시장조사 기관인 딜로직(Dealogic)에 따르면, 2022년 홍콩 증권시장에서 기업 주식을 발행하려는 회사의 규모는 134억 달러로, 2021년보다 3분의 2 이상 감소했다고 합니다. 홍콩의 증권시장은 해외 투자자의 자금을 모을 수 있는 매력적인 시장이었지만, 지난 5년 동안의 변화로 다수의 해외투자자들은 홍콩에서 철수했습니다. 이에 따라, 골드만 삭스(Goldman Sachs)와 모건 스탠리(Morgan Stanley)를 포함한 글로벌 투자은행도 점차 홍콩에서의 사업을 축소하고 있어요.

홍콩의 주식시장도 상황이 좋지 않아요. 주식시장은 투자자들의 기대를 미리 반영하는 특성이 있어요. 현재 홍콩 상황과 홍콩에 상장된 주식에 대한 부정적인 여론이 지배적이기 때문에, 2024년 2월 초 홍콩 주식시장을 나타내는 항셍지수(Hang Seng Index)는 13% 이상 하락했어요. 미국, 일본, 한국 등 다른 시장이 하락장에서 강세장으로 전환했는데, 홍콩 증시는 여전히 맥을 못 추고 있어요.

어떤 다국적 기업이 어디로 이전했을까?

다수의 다국적 기업은 중국 정부의 제재가 부담되기 때문에 홍콩에서 다른 지역으로 아시아 본사를 이동했어요. 아시아 시장 규모가 빠르게 성장하고 있으므로 아시아 본부는 글로벌 기업 운영에 필수적이에요. 홍콩에 있었던 글로벌 기업의 아시아 본부는

해외투자자의 홍콩 이탈로 큰 수혜를 본 싱가포르

주로 어디로 이동했을까요?

홍콩의 경쟁자인 싱가포르로 아시아 본사를 이전하는 기업 사례가 많이 증가하고 있어요. 싱가포르는 홍콩의 위기로 인해 가장 큰 이익을 본 국가로 평가됩니다. 기술 기업에 투자하는 세렌디피티 캐피털(Serendipity Capital)은 2019년 홍콩에서 싱가포르로 회사를 이전했어요. 카톤 테크놀로지(Caton Technology)도

2022년에 본사를 홍콩에서 싱가포르로 이전했어요. 레이 후앙 (Ray Huang) 최고경영자는 "카톤 테크놀로지는 미국의 주요 투자자를 보유하고 있으며 일본, 대만, 미국, 유럽 기업과 비즈니스를 하고 있으므로 싱가포르가 최적의 위치다."라고 설명했어요.

한국이 아닌 싱가포르를 선택한 이유는?

사촌이 땅을 사면 배가 아프다는 속담이 있어요. 홍콩의 위기로 인해 너무 잘나가는 싱가포르를 보니 저는 배가 살짝 아프네요. 다국적 기업을 한국에 유치하면 경제 성장을 도모할 수 있고, 다국적 기업으로부터 세금을 더 걷을 수 있으며, 글로벌 도시로서 위상도 올라가요. 또한, 다국적 기업이 한국에 정착하게 되면 혁신과 연구를 촉진하고 유능한 인재들이 한국으로 이주하여 인적 자본을 구축하게 됩니다. 다국적 기업이 주는 혜택이 많기 때문에 주요 도시는 다국적 기업을 유치하기 위해 경쟁하고 있어요.

우리나라는 1994년, 김영삼 대통령이 '세계화'를 선언하며 "국정 동력을 국제 시장에서 찾겠다"라는 야심에 찬 발표를 했어요. '은둔의 나라'로 알려졌던 동양의 변방 국가였던 대한민국은 30년도 안 되는 세월에 큰 성과를 달성했어요. 2021년, 한국은 세계 10대 경제 대국이 되었으며, BTS와 블랙핑크와 같은 가수들은 글로벌 엔터테인먼트 산업을 선도하고 있어요. 2020년, 영화 '기생충'은 아카데미상을 싹쓸이할 정도로 높은 인기와 작품성을 인정받았어요. 2021년, '오징어 게임'은 넷플릭스 최다 시청 기록을 세우며 한국 콘텐츠의 저력을 보여줬어요.

여기서 한 가지 궁금증이 생겨요. 다국적 기업은 선진국인 우리나라에 왜 오지 않을까요? 사실 다국적 기업이 한국에 아시아 본사를 설립하여 운영하는 것은 일반적이지 않아요. 삼성전자, LG전자, 현대자동차, SK그룹 등 다수의 한국 기업은 다국적 기업이 되었지만, 아직 대한민국의 전반적인 비즈니스 환경은 우물 안 개구리를 벗어나지 못했어요. 한국어와 한국 문화를 이해하지 못하는 외국인은 대한민국에서 성과는커녕 적응하기도 어려운 상황이에요. 현재 아시아에서 좋은 성과를 내는 싱가포르를 생각해보면, 다국적 기업이 싱가포르에 아시아 본사를 두고 싶어 하는 이유를 알 수 있어요.

① 정치적 안정성
② 비즈니스 친화적인 법률 및 정책 : 공정한 법률 시스템, 기업에 유리한 세금 정책
③ 인재 풀 : 높은 교육 수준과 커뮤니케이션 능력(영어, 중국어)

④ 글로벌 연결성 : 운송 및 물류 허브
⑤ 삶의 질 : 쾌적한 도시 및 교육 시스템

한국은 경쟁력이 없나요?

다국적 기업이 싱가포르를 선호하는 이유를 정리해 보니, 한국을 아시아 본부로 선호하지 않은 이유를 조금은 이해할 수 있을 것 같아요. 2021년 기준 '세계 인적 자원 경쟁력 지수'에 따르면 해외 인재 유입, 여성 인력 비중 등 매력도 측면에서 대한민국은 경제협력개발기구(OECD) 38개 국가 중 33위로 최하위권을 기록했어요. 대한민국의 비즈니스 환경은 폐쇄적이고 해외 인력 유입에 소극적이었어요. 또한, 비즈니스 환경이 지나치게 남성 중심적이어서 여성 인력 비중이 작고 기업 문화의 경직성이 높은 것으로 평가됩니다.

영어 의사소통에서도 싱가포르 대비 한국의 경쟁력은 낮아요. 한국인은 영어 공부에 가장 많은 돈을 쓰지만, 영어 실력이 좋지 못해요. 중고등학생 학업성취도는 최상위권이지만 2019년 기준 한국인의 토플(TOEFL) 성적 평균은 171개국 중 87위예요. 말하기 부분만 보면 171개국 중 132위입니다. 시험 성적을 중시하는

영어로 말하는 것에 두려움을 느끼는 한국인

교육 환경과 문법 위주의 영어 교육의 영향을 받아 한국인 대부분은 영어 말하기를 꺼려요. 현재의 중고등학생들은 20년 전 중고등학생이었던 세대와 다를 것으로 생각해요. 틀리는 것이 걱정되어 말하지 않으면 영어 말하기를 잘할 수 없어요. 영어는 학문이기 전에 언어이기 때문에 자신감을 가지고 써먹어야 나중에 활용할 수 있어요. 영어 말하기가 되지 않는다면 글로벌 비즈니스 환경에서 성과를 낼 수 없겠죠?

싱가포르와 대한민국을 비교해 보니 우리가 조금만 노력하면 많은 다국적 기업을 유치할 수 있을 것이라는 자신감이 생겨요. 싱가포르 대비 우리나라가 부족한 부분은 비즈니스 환경의 개방성과 영어 능력이에요. 비즈니스 환경은 다소 시간이 걸리겠지만 바람직한 방향으로 가고 있다고 생각해요. 수직적이고 폐쇄적인 기업 문화는 점차 사라지고 있으며 시간이 갈수록 수평적이고 개방적인 기업 문화를 가진 회사가 많아지고 있어요. 또한, 대한민국의 영어 능력은 빠르게 향상되고 있어요. 현재의 학생들은 영어 문법에 얽매이지 않고 더 이상 영어 말하기를 두려워하지 않아요. 비즈니스 환경의 개방성과 영어 능력이 좋아지면 대한민국은 싱가포르를 능가하는 글로벌 비즈니스 허브가 될 수 있다고 믿어요. 케이팝(K-Pop)이 세계 시장을 사로잡는 데 10년이 걸리지 않았어요. 비즈니스 환경과 영어 능력이 개선되면 많은 다국적 기업이 한국에 아시아 본부를 설립하고 운영할 것이고, 한국 경제는 한 단계 더 도약할 것입니다.

> **"토론거리**
>
> 다국적 기업을 한국에 유치하기 위해서 어떤 정책과 경쟁력이 필요할까요?
> 글로벌 인재가 되는 데 필요한 것은 무엇일까요?

글로벌 인재는
어떤 사람일까요?

20년 전 대학생이었던 저는 시험을 위한 공부는 누구보다 열심히 했지만, 자신만의 생각과 지식을 형성하는 공부는 별로 하지 않았습니다. 시험 점수를 잘 받기 위해서는 자기 생각을 만들기보다는 교재를 통째로 외우고 앵무새가 되어 내용을 반복하는 것이 더 효율적입니다. 저는 정보를 기억하여 시험을 잘 보는 데 특화되어 있었지만, 자기 생각을 표현하고 새로운 시스템을 만들어내는 것이 익숙지 않았습니다. 대학을 졸업하고 한국에서 일할 때까지 저의 공부 방식은 크게 문제가 없었습니다. 그러나 5년간 일을 한 후 프랑스 상경계 그랑제콜(ESSEC Business School)에 입학하면서 저의 공부 방식은 문제가 되었습니다.

한국식 교육에 익숙했던 저는 시험에서는 좋은 점수를 받았지만, 수업에 적응하지 못했습니다. 언어보다 더 큰 문제는 프랑스의 교육 방식이었습니다. 한국에서 받았던 교육과는 달리 프랑스에서는 선생님이 계속 내 생각과 의견을 물었습니다. 단 하나의 답을 외우고 찾는 데 최적화되었기에 저는 새로운 환경에 적응하지 못했습니다. 새로운 환경에 적응하기 위해서는 공부 방법을 바꿔야 했습니다. 외우는 공부가 아닌 생각하고 질문하고 나만의 생각과 지식을 만들기 위해 노력했습니다.

내 생각을 만들기 위한 새로운 공부가 익숙해지자, 의견을 묻는 교육 방식이 점차 적응되었으며 공부가 전보다 더 재미있게 느껴졌어요. 이때 처음으로 "교육은 양동이를 채우는 것이 아니라, 불을 밝히는 것입니다."라는 말의 의미를 깨달았어요. 내 생각을 정리하고 의견을 말하고 다른 사람과 같은 주제를 논의하는 것에 큰 즐거움을 느꼈어요. 제가 생각하는 글로벌 인재는 새로운 문제를 해결할 줄 아는 사람이에요. 지식을 단순히 습득하는 것에서 벗어나 가지고 있는 지식과 정보를 정리하여 자기 생각을 전달할 줄 아는 사람이 세계 경제에서 성과를 낼 수 있는 글로벌 인재라고 생각합니다.

경제 용어 풀이

주식시장 : 주식회사의 지분권을 표시하는 유가증권인 주식이 거래되는 시장.

투자은행 : 상업은행에 대비되는 개념으로 상업은행이 예금을 바탕으로 기업에 자금을 공급하는 전통적 은행업에 주력했다면 투자은행은 유가증권 인수를 통한 자금 공급을 주업으로 함.

항셍지수 : 홍콩 증권거래소 상장 50개 우량 주식의 시가총액을 기준으로 가중 평균하여 산출한 지수로서 홍콩 증권거래소의 상태를 나타냄.

미국에서 3달러 하는 트레이더 조스 에코백이 한국에서는 2만 원?

미국의 로스앤젤레스(LA)에 있는 마트인 트레이더 조스(Trader Joe's)를 방문하고 저는 깜짝 놀랐어요. 한국에서 2만 원에 살 수 있는 에코백을 트레이더 조스 매장에서 절반도 안 되는 가격인 4달러에 팔고 있었어요. 어떻게 미국에서 4달러에 파는 에코백이 한국에서는 2만 원이 넘게 팔리고 있을까요? 같은 상품인데도 불구하고 국가마다 가격이 다른 이유는 무엇일까요?

일물일가의 법칙!

일물일가(一物一價, Law of one price) 법칙이란 같은 물건은 하나

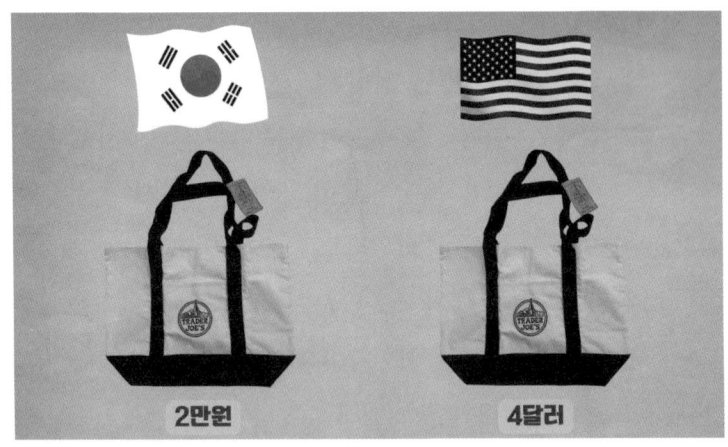

한국과 미국에서 큰 가격 차이를 보이는 트레이더 조스 에코백

의 가격으로 거래된다는 경제학의 법칙 중 하나예요. 일물일가를 포함한 경제학의 많은 법칙은 완전 경쟁시장이라는 조건 아래에서 성립해요.

완전 경쟁시장에서는 국가가 다르더라도 같은 물건은 같은 가격에 팔리게 되어 있어요. 예를 들어, 달러당 원화의 환율이 1,000원일 때 LA에서 4달러에 판매되는 에코백은 서울에서 4천 원에 판매되어야 해요. 4달러를 원화로 교환하면 4천 원을 받을 수 있기 때문이죠. 그런데 같은 에코백이 LA에서는 4달러에 팔리는데 서울에서 2만 원에 팔리는 상황이라면 우리는 어떻게 해야 할까요? 당장 LA에서 에코백을 사서 한국에 팔면 손해 볼 위험과 큰돈 없이도 눈 깜짝할 사이에 16,000원을 벌 수 있어요. 금방 부자가 되겠죠? 위험과 자본 없이 서로 다른 시장에서 같은 물건을 사고, 파는 거래를 차익 거래라고 해요. 이렇게 쉽게 돈 벌 수 있는 차익 거래 기회가 있다면 누구나 서로 하려고 할 것이에요. 많은 사람이 LA에서 에코백을 사고 서울에서 에코백을 팔면 LA와 서울에서 파는 에코백의 가격이 같아질 때까지 차익 거래는 계속되고 가격 차이가 결국 없어질 것이에요. 즉, 에코백은 LA와 서울에서 같은 가격에 거래될 것이고 일물일가의 법칙은 성립될 것입니다.

현실에서 일물일가의 법칙은 항상 지켜질까요?

현실 경제는 완전 경쟁이 아니기 때문에 일물일가의 법칙이 성립하지 않아요. 무역에 대한 세금(관세), 거래비용 등의 요인으로 인해 현실 경제는 불완전 경쟁시장이에요. 예를 들어, 수입된 물건에 붙는 관세나 물건 배송과 같은 거래비용은 상품 거래에 대한 차익 거래를 축소해요. 이런 이유로 같은 상품인데도 국가 간 가격 차이가 나타나게 되는 거예요. 에코백 이야기를 다시 해볼게요. 만약 에코백에 대해 100% 세금을 매기면 어떻게 될까요?

4달러에 에코백을 산 후 관세로 4달러를 더 내야 해요. 세금이 없었을 때는 차익 거래로 16,000원을 벌었지만, 관세로 인해 이제는 12,000원밖에 벌 수 없어요. 또한, 미국에서 구매한 에코백을 한국으로 수송하는 데 비용이 들어요. 수송 비용이 10,000원일 경우, 차익 거래로 보는 이익은 2,000원으로 크게 줄어들어요.

동일 국가 내에서 일물일가의 법칙은 항상 성립할까요?

2024년 기준 미국 내 571개 매장을 운영하는 트레이더 조스에서는 비슷한 가격에 에코백이 판매되고 있는 것으로 조사돼요. 하지만, 트레이더 조스의 일부 인기 상품은 희소성이 있어 매장에서 사는 것보다 비싼 가격에 온라인 상거래 사이트, 이베이에서 팔고 있어요. 물건을 사려는 사람은 5명 있는데 물건은 1개밖에 없을 때 희소성이 있다고 평가해요. 트레이더 조스의 대표적 인기 상품인 스리라차 스프링클 시즈닝 블렌드 2병은 매장에서 6달러에 판매되지만, 온라인 상거래 사이트인 이베이에서는 13달러 넘게 판매되고 있어요. 즉, 관세, 거래비용이 없더라도 제품에 대한 희소성이 있으면 같은 나라에서도 동일 제품이 다른 가격에 팔릴 수 있어요. 2022년, 포켓몬 빵이 인기를 끈 비결도

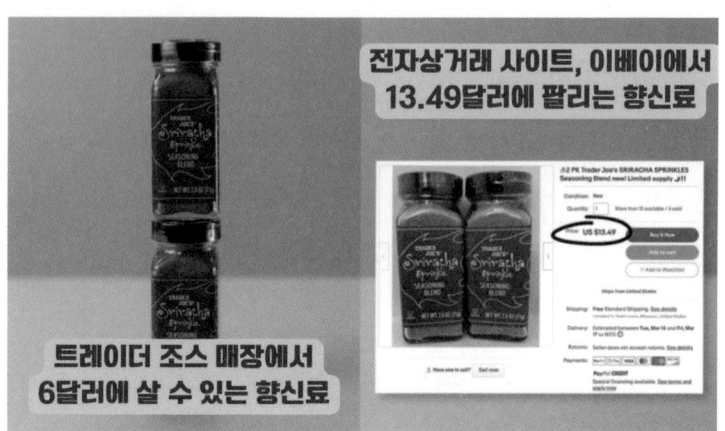

미국 내에서도 다른 가격에 팔리는 스리라차 스프링클 시즈닝 블렌드

희소성입니다. 포켓몬 빵 안에는 뗐다 붙일 수 있는 스티커가 있어요. 가장 인기가 높았던 스티커는 '뮤'라는 캐릭터였어요. '뮤' 스티커는 희귀해서 5만 원이 넘는 가격에 거래되기도 했어요.

미국인은 물론이고 한국인까지 열광하는 트레이더 조스

2020년 트레이더 조스는 다른 주요 식료품점 체인이 기록한 평당 매출의 2배 이상을 기록했어요. 또한, 코스트코, 월마트, 타깃 등 경쟁자를 제치고 고객 만족도가 가장 높은 식료품점으로 선정되었어요. 트레이더 조스에서 파는 상품은 왜 이렇게 인기가 많을까요? 트레이더 조스에서 파는 상품은 특이하면서 질이 좋지만, 가격이 비싸지 않아요. 트레이더 조스는 어떻게 상품의 질을 관리하면서 낮은 가격을 고수할 수 있을까요? 트레이더 조스 매장은 경쟁 마트 대비 규모가 작고 판매하는 품목도 많지 않으며, 판매하는 제품 대부분은 자사 상표 제품(Private Label)이에요.

트레이더 조스의 성공 비결

트레이더 조스의 창립자는 조 콜럼보(Joe Coulombe)입니다. 1967년 자신의 이름을 따서 트레이더 조스를 만들고 운영했어요. 트레이더 조스는 많은 상품을 갖추지는 않지만, 소비자가 원하는 계절상품을 기가 막히게 판매합니다. 트레이더 조스는 일반적인 마트와 다르게 운영합니다. 광고를 거의 하지 않고 로열티 프로그램도 없으며, 온라인 쇼핑 플랫폼도 없으며, 코스트코(Costco)와 같이 음식을 즐길 수 있는 푸드코트(Food court)도 없어요. 하지만, 충성스러운 고객은 SNS를 통해 트레이더 조스를 알립니다. 제품의 가성비가 얼마나 좋은지, 트레이더 조스에서 쇼핑하는 것이 얼마나 즐거운지에 대한 글을 페이스북, 인스타, 트위터 등에 올려요. 충성스러운 고객이 트레이더 조스를 무료로 광고해주고 있는 셈이에요. 트레이더 조스는 소비자를 피곤하게 만들

트레이더 조스의 창립자, 조 콜럼보(Joe Coulombe)

지 않아요. 대부분의 마트는 특정 품목에 대해 수십 가지의 제품을 진열해요. 트레이더 조스는 많은 상품을 진열하지 않고 소량의 자사 상표 제품을 판매합니다. 트레이더 조스는 소량의 제품을 판매하여 제품 공급망을 효율적으로 운영할 수 있으며, 질 좋은 상품을 낮은 가격에 공급할 수 있어요.

또한, 트레이더 조스는 생산자와 제조업체로부터 상품을 직구매하여 원가를 낮출 수 있습니다. 중간 상인에게 가는 이윤을 줄여 더 싼 가격에 제품을 공급하여 소비자 만족도를 높일 수 있었어요. 제품 원가를 낮추기 위해 트레이더 조스는 변동성에 대한 위험을 감수해요. 트레이더 조스는 제품을 대량 구매하며 선불로 대금을 지급하여 낮은 가격에 제품을 가져올 수 있어요.

수입 제품에 대해서는 자국 화폐인 달러가 아닌 현지 통화로 대금을 지급해요. 트레이더 조스에 수출하는 업체는 환율 변동에 대한 위험이 없으니 더 낮은 가격에 물건을 공급할 수 있어요. 환율 변동은 영세한 상품 공급자한테는 큰 위험이지만, 거대한 트레이더 조스는 충분히 관리할 수 있는 위험이에요.

계속해서 변화하는 트레이더 조스의 판매 물품

트레이더 조스의 또 다른 특징은 판매하는 제품을 지속해서 바꾼다는 것입니다. 상품이 예상만큼 팔리지 않으면 가차 없이 상품을 선반에서 내리고 새로운 상품을 올려요. 다른 마트에서는 식료품 브랜드로부터 마케팅 비용을 받기 때문에 잘 팔리지 않는 제품을 매장에 오래 진열해요. 그러나 트레이더 조스는 브랜드로부터 마케팅 비용을 받지 않아요. 대부분 자사 브랜드를 판매하기 때문에 팔리지 않는 제품을 오래 진열하지 않아요. 고객이 상품을 구매할 때만 이익을 얻는 구조기 때문에 고객이 빈번히 구매하는 제품을 적기에 진열할 수 있어요.

트레이더 조스 매장에서 파는 물건에 주는 웃돈은 관세, 배송 비용뿐만 아니라 희소성과 브랜드에 대한 충성도가 반영되어 있다고 볼 수 있어요. 한국에도 트레이더 조스와 같은 혁신적인 마트가 탄생하여 한국에서는 3,000원에 살 수 있는 에코백이 미국에서는 30달러에 팔리는 충성도 높은 브랜드가 만들어지길 기대해 봅니다.

> **" 토론거리**
>
> 같은 물건이 다른 가격에 거래되는 사례에 관해 이야기해 보세요. 가장 가격 차이가 큰 사례는 어떤 것이 있을까요?

경제 용어 풀이

일물일가의 법칙 : 완전 경쟁시장에서 같은 상품은 어느 시장에서든지 같은 가격이 형성된다는 법칙.

완전경쟁시장 : 수많은 가계와 기업이 주어진 가격으로 같은 품질의 재화를 자유롭게 사고파는 시장을 의미함.

희소성 : 어떤 것을 원하는 사람들의 욕구를 모두 만족시킬 만큼 자원이 충분히 있지 않다는 것을 뜻함.

2장.
자산의 이해

주식시장과
미끄러운 경사면 이론?

퀴즈로 글을 시작해 볼게요. 첫 번째 퀴즈 나갑니다. 2008년 세계 금융위기 전까지 주식시장에서 존경받는 투자자로 이름을 날린 사람을 맞춰보세요! 힌트는 아래와 같아요.

- 나스닥(NASDAQ) 증권거래소의 위원장
- 세계 최대 규모의 사모 헤지펀드(Private hedge fund) 운영
- 성공하고 존경받는 유대인
- 유대계 대학 이사장
- 자선 단체에 큰 금액을 기부하는 사업가

어떤 사람인지는 몰라도 퀴즈의 힌트만 봐도 사회적으로 크

게 성공한 인물이라는 것을 예상해 볼 수 있어요. 정답을 공개하기 전에 두 번째 인물 퀴즈를 내볼게요. 2008년 세계 금융위기 직후, 아래와 같은 불미스러운 일로 유명해진 사람은?

- 증권 사기, 투자 자문 사기, 우편 사기, 전신 사기, 돈 세탁, 위증 및 기타 폰지 사기와 관련된 범죄로 유죄 판결.
- 20년 넘게 수천 명의 투자자를 속였으며, 총 피해액이 650억 달러(80조 원)에 달함.
- 금융 범죄에 대해 내려진 가장 긴 형량인 150년 형 선고.
- 역사상 가장 악명 높은 금융 범죄자 중 한 명으로 평가됨.

놀랍게도 두 퀴즈의 정답은 같은 사람이에요

2008년 세계 금융위기를 기점으로 버나드 메이도프(Bernie Madoff)에 대한 평가는 극적으로 달라집니다. 2008년 전까지 주식 투자의 귀재로 평가받은 메이도프가 어떻게 금융 사기의 대표적인 아이콘이 되었는지 살펴볼게요.

메이도프는 주식 브로커였던 아버지의 영향을 받아 어렸을 때부터 주식 투자에 관심이 많았어요. 메이도프는 부잣집 딸과 결혼한 후 주변 사람들에게 돈을 모아 주식에 투자했어요. 투자

두 얼굴의 사나이, 버나드 메이도프

에 재능이 없었던 메이도프는 멀지 않아 주식시장에 투자한 자금을 모두 잃었어요. 메이도프에게 돈을 맡긴 사람은 대부분 장인어른의 지인이었어요. 망신당하기 싫었던 장인어른은 사위인 메이도프가 투자금을 모두 잃었다는 것을 감추고 투자한 사람들에게 수익금을 챙겨주기 위한 자금을 지원했어요. 메이도프에게 돈을 맡기고 수익금을 받은 투자자들은 메이도프의 투자 실력에 대해 소문을 냈고, 더 많은 투자자가 메이도프에게 자금을 맡기게 됩니다. 22세의 메이도프는 자신의 이름을 딴 버나드 메이도프 투자 증권을 설립하여 투자금을 받고 투자하는 것처럼 행동했어요. 메이도프 투자 증권은 기적처럼 투자자에게 매년 투자원금의 10~12%의 수익을 안겨줬어요. 약 20년 동안 한 번도 손실을 기록하지 않는 메이도프 투자 증권에 사람들은 열광했어요. 미국 투자 업계에서 메이도프는 신과 같은 존재였어요. 모두 메이도프에게 투자금을 맡기고 싶어 했어요. 영화 '이티', '쥐라기 공원'을 만든 스티븐 스필버그(Steven Spielberg) 감독도 메이도프의 투자자 중 하나였을 정도로 메이도프의 명성은 높았어요.

20년 넘게 손실 없는 투자가 가능할까요?

메이도프의 사기 행위가 발각되기 전에도 많은 사람이 메이도프의 투자에 의심을 제기했어요. 아무리 뛰어난 투자자라고 해도 주식 투자에는 불확실성이 있어서 투자 기간 동안 손실 없이 항상 일정한 수익을 달성할 순 없어요. 역사상 가장 위대한 투자자라고 평가되는 워런 버핏(Warren Buffett), 피터 린치(Peter Lynch), 조지 소로스(George Soros)도 일부 투자에 있어서는 손실을 기록했어요. 하지만, 메이도프는 매년 일정한 수익률을 달성했기에 투자 방식과 전략에 대해 질문을 하는 사람들이 많았어요. 메이도프는 자신에게 의문을 품고 질문하는 사람의 투자금을 일절 받지 않았어요. 또한, 자신의 투자자 중 의문을 제기하는 사람이 있으면 즉시 투자금을 돌려줬어요. 메이도프는 자신의 사회적 권위와 가짜 투자 실적을 바탕으로 신규 투자금을 성공적으로 유치하면서 수많은 피해자를 만들었어요. 이와 동시에, 그의 투자를 비판하는 사람 또는 의문을 품는 사람들을 20년 넘게 효과적으로 차단했어요. 20대의 투자 실패 이후 자신의 투자 능력을 누구보다 잘 이해했던 메이도프는 단 한 번도 투자하지 않았어요. 그가 한 것은 신규 투자자를 모집하여 투자금을 받아 흥청망청 쓰고 일부는 기존 투자자에게 가짜 수익금으로 지급한 것에 불과했어요. 즉, 처음부터 투자원금과 수익금을 돌려줄 의도가 없었어요.

투자를 하지 않고 어떻게 투자 수익금을 마련하나요?

메이도프는 20년 넘게 투자자들이 투자한 원금의 10~12%를 돌려줬어요. 실제로 일부 초기 투자자들은 투자원금보다 더 많은 돈을 회수했어요. 100억 원을 투자했다면 10년이면 투자한 금액을 회수할 수 있고 11년째부터는 투자원금을 넘는 수익금이 발생하기 시작해요. 욕조에 물을 받는다고 생각해 볼게요. 욕조는 메이도프가 운영하는 헤지펀드를, 물은 투자금을 의미해요. 욕조에 있는 물의 10%는 기존 투자자의 수익을 나타내며 욕조에서 매년

물(자금)이 빠져요. 메이도프가 욕조(헤지펀드)에서 빠지는 물(수익금)보다 신규 투자자를 모집하여 욕조에 더 많은 물(투자금)을 넣을 수 있으면 욕조에 있는 물(헤지펀드 자금)은 고갈되지 않겠죠? 20년 넘는 기간 동안 메이도프는 문서 위조와 거짓 명성을 통해 성공적으로 투자자와 투자금을 모집했어요. 그러나, 2008년 세계 금융위기가 찾아오자 더 이상 버틸 수 없게 돼요. 2008년 세계 금융위기로 주식, 채권, 부동산 등 자산 가격이 폭락하게 되자 다수의 투자자가 메이도프에게 원금 상환을 요구합니다. 매년 욕조에 있던 물 중 10%만 빠지던 물이 여기저기서 세기 시작한 것이에요. 욕조에 있는 물이 모두 빠지자, 메이도프의 사기 행각은 모두 들통났습니다. 역사상 세계 최대의 폰지 사기가 세상에 드러나게 된 것이에요.

탐욕이 부른 비극, 제약회사 발리언트(Valeant)

메이도프처럼 처음부터 사기 친 것은 아니지만 합법과 불법의 경계를 넘으면서 주식회사를 운영한 경영자와 회사를 알아볼게요.

　두 번째 이야기의 주인공은 제약회사, 발리언트예요. 20년 동안의 발리언트의 주식가격 추이를 살펴보면 변동 폭이 얼마나 컸는지 확인할 수 있어요. 주가 변동의 중요한 흐름을 간략히 정리해 볼게요.

- 1997년 : 기업공개(IPO) 이후 몇 년 동안 주가는 5달러 수준 유지
- 2010년 : 경쟁 제약회사 바이오베일(Biovail)을 인수하여 주가 상승 → 본격적인 인수합병 전략 실행
- 2015년 : 주가 262달러로 역사적 최고가 경신
- 2015년 말 : 비즈니스 관행과 회계 방식에 대한 조사가 시작되자 주가 급하락
- 2016년 : 주가 30달러 아래로 하락

발리언트의 주식가격은 5달러에서부터 262달러까지 크게 변했어요. 이 회사에 투자한 투자자는 회사의 주가 변화에 마음고생이 심했겠죠? 주식시장의 변동성이 큰 것은 알고 있지만 어떻게 2015년 262달러였던 주식이 1년도 되지 않아 30달러까지 하락했을까요? 1년도 안 되는 시간에 회사의 주가가 90% 하락했어요. 아웃렛이나 할인점에서도 90% 할인하는 경우는 찾아보기 힘든데, 도대체 발리언트에 어떤 일이 생긴 걸까요?

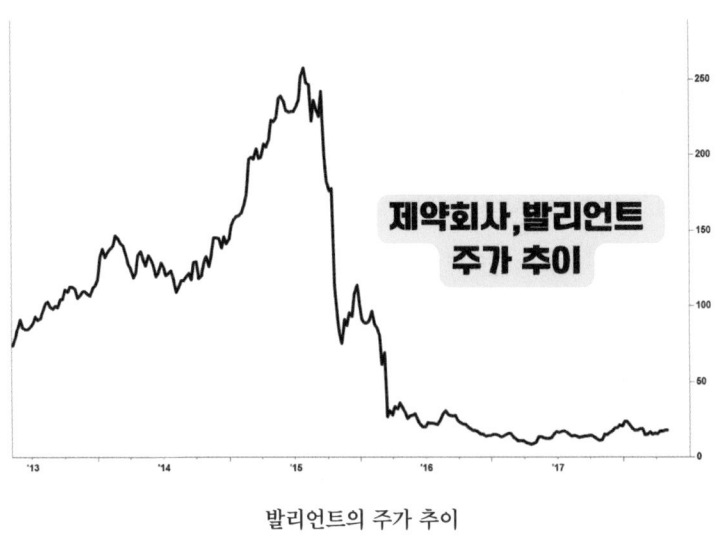

발리언트의 주가 추이

주가는 왜 이렇게 변동성이 크죠?

사건을 제대로 이해하기 위해서는 가격과 가치의 차이점에 대해 배워야 해요. 가격은 특정 제품이나 서비스에 대해 소비자의 지급 의향을 고려하여 판매자가 정한 금액입니다. 가격은 많은 정보를 담고 있어요. 예를 들어, A 초콜릿은 시장에서 1,000원에 팔리고 있어요. 먼저, 소비자의 관점에서 생각해 볼게요. A 초콜릿을 구매하는 소비자가 A 초콜릿에 대해 인식하는 가치는 1,000원과 같거나 크다는 것을 예상할 수 있어요. 인식하는 가치가 1,000원보다 낮을 경우, 소비자는 A 초콜릿을 구매하지 않을 것입니다. 다음으로 생산자 관점에서 생각해 볼게요. A 초콜릿을 만드는 비용은 1,000원보다 같거나 낮다는 것을 예상할 수 있어요. 생산 비용이 1,000원보다 높을 경우, 생산자는 A 초콜릿을 더이상 만들지 않을 것입니다. 일상생활에서 가격과 가치는 혼용되어 사용되는 경우가 있지만 가격과 가치는 다른 개념이에요. 가치는 개인의 선호도, 요구사항, 인식에 따라 주관적으로 결정되어요. 따라서, A 초콜릿의 가치는 사람마다 다를 수 있어요. 초콜릿을 좋아하는 철수의 A 초콜릿에 대한 가치는 2,000원이기 때문에 1,000의 가격을 가진 A 초콜릿을 자주 구매할 것이고, 초콜릿을 좋아하지 않는 영희의 A 초콜릿에 대한 가치는 500원이기 때문에 1,000의 가격을 가진 A 초콜릿을 사 먹지 않을 거예요.

가격과 가치의 차이점을 이해하면 회사의 가격, 즉 주가가 왜 이렇게 빨리 변하는지도 알 수 있어요. 초콜릿 가격은 생산자가 정하기 때문에 변화가 크게 없어요. 이에 반해, 주식시장에서 거래되는 회사의 가격, 주가는 수많은 투자자에 의해 정해져요. 회사의 성과, 경제 상황, 투자자의 기대에 따라 더 많은 사람이 회사의 주식을 사고 싶어 하면 주가는 올라갑니다. 반대로, 더 많은 사람이 회사의 미래가 우려되어 주식을 팔게 되면 주가는 내려갑니다. 주식시장은 지속적인 거래를 통해 투자자들이 회사에 대해 가지고 있는 가치를 실시간으로 반영하여 주가가 정해져요. 따라서, 특정 회사에 대한 투자자의 기대감이 상승하면 주가가 상승하고, 기대감이 하락하면 주가가 하락하겠죠?

증시는 단기적으로는 인기투표 기계지만 장기적으로는 가치를 정확히 측정할 수 있는 저울입니다. 단기적으로는 투자자의 탐욕과 공포가 맞물려 회사에 대한 인기투표로 가격이 정해지지만, 장기적으로는 기업의 가치를 정확하게 측정하여 가격으로 나타낼 수 있어요.

단기적으로 주가를 올리기 위한 무리수

이제 제약회사, 발리언트의 주가 변화를 이해할 준비가 되었어요. 2010년 발리언트의 대표가 된 마이클 피어슨(J. Michael Pearson)은 발리언트의 주가를 올리기 위한 공격적인 전략을 실행합니다. 투자자들의 기대를 높일 수 있는 가장 쉬운 방법은 다른 회사를 인수하여 양적 성장을 하는 것입니다. 회사 대표가 된 피어슨은 경쟁 제약회사 바이오베일(Biovail)을 인수·합병해요. 인수는 하나의 기업이 다른 기업의 경영권을 얻는 것이고 합병

발리언트 대표, 마이클 피어슨

은 둘 이상의 기업들이 하나의 기업으로 합쳐지는 것을 의미해요. 즉, 발리언트가 바이오베일의 경영권을 매입한 후 바이오베일을 발리언트 안으로 흡수한 것이에요. 드라마 '경이로운 소문'을 보면 악귀가 다른 악귀를 흡수하면 단기적으로는 힘이 더 세지고 강력해지죠? 바이오베일을 흡수 합병한 발리언트는 제약시장에서 발휘할 수 있는 영향력이 더 강해졌어요. 피어슨은 흡수 합병을 통해 몸집을 키우면서 발리언트의 이익을 극대화하기 위해 3가지 전술을 실행해요.

Step 1. 제약회사 인수합병

Step. 2 인수합병 후 약품 가격 인상

Step. 3 연구·개발 금액 삭감(매출의 약 3% 수준까지 낮춤)

발리언트의 3가지 전술은 불법은 아니지만, 도덕적으로 문제가 있어요. 1,000원이었던 A 초콜릿을 10,000원으로 가격 인상을 하면 소비자는 A 초콜릿이 아닌 B, C, D 등의 초콜릿을 사 먹으면 되지만 특정 약품은 대체될 수 없어요. 발리언트가 가격을 올린 약 중에는 심장 질환 치료 약품인 이수프럴(Isuprel), 고혈압 치료 약품인 니트로프레스(Nitropress), 윌슨(Wilson)병 치료 약품인 시프라인(Syprine) 등이 있어요. 발리언트는 시프라인의 가격을 병당 652달러에서 21,000달러로 3,100% 인상했습니다.

윌슨 병은 구리 대사 이상으로 인하여 간, 뇌, 각막 등에 구리가 침착되어 생기는 유전질환으로 황달, 복부 팽만, 피로, 복통을 동반하는 고통스러운 질병이에요. 발리언트가 3,000% 이상 가격을 올려도 윌슨 병에 시달리는 환자는 시프라인을 살 수밖에 없어요. 대체 불가한 약품의 가격을 올리면 올릴수록 소비자는 말라죽지만 제약회사는 이익을 얻을 수 있어요. 소비자를 마른 수건 짜듯이 하는 발리언트는 합법과 불법 사이에서 아슬아슬한 줄타기를 했어요. 발리언트는 소비자의 건강을 인질로 삼아 약품 가격을 올려서 회사의 성과를 극대화했고 주가를 올렸어요. 발리언트의 3가지 전술은 단기적으로 매우 효과적이었어요. 〈Step. 1〉 신약 특허를 가지고 있는 제약회사를 인수·합병하고, 〈Step. 2〉 대체 불가한 약품 가격을 최대한 올리고, 〈Step. 3〉 인수합병 후 연구·개발 인력 및 투자를 최소화해서 발리언트의 이익은 많이 증가했고 투자자들은 발리언트의 실적에 환호했어요. 2015년, 발리언트의 주가는 262달러로 역사상 최고치를 찍게 됩니다.

발리언트의 3가지 전술은 지속 가능할까요?

발리언트의 ① 인수 합병, ② 비용 삭감, ③ 가격 상승의 단계별 쥐어짜기 전술은 단기적으로 효과적이었지만, 지속 가능하지 않았어요. 주가가 역사상 최고점을 찍은 후 발리언트는 종이로 만든 성처럼 붕괴했어요. 유력한 대통령 후보였던 힐러리 클린턴(Hillary Clinton)은 발리언트의 전략에 강한 반감을 표현했고, 환자를 마른 수건 짜듯이 괴롭혀 이익을 만드는 발리언트에 대해 대중은 분노했어요. 또한, 영향력 있는 투자자인 앤드루 레프트(Andrew Left)는 발리언트가 회사의 매출을 인위적으로 부풀리기 위해 전문 약국 네트워크를 만들었다는 보고서를 발표해요. 전문 약국 네트워크를 통해 대량으로 발리언트의 약품을 구매시키고 인위적으로 매출을 증가시켰다는 의혹을 제기했어요. 미국 증권 거래위원회(Securities Exchange Commission)는 발리언트의 회계 관행, 특히 필리도르라는 전문 약국을 이용하여 매출을 인위적으로 부풀리는 불법 관행에 대한 조사를 시작했어요. 광범위한 조사를 통해 합법과 불법 사이에서 아슬아슬하게 줄을 타던 발리언트의 불법 행위가 다수 발각되었고 벌금 및 처벌까지 받게 됩니다. 이에 따라, 발리언트에 대한 투자자의 기대는 바닥을 쳤고 발리언트의 주가는 급격히 하락했어요. 결국, 환자를 착취해서 쌓아 올린 발리언트의 성은 허망하게 무너졌습니다.

두 사례에서 공통적으로 적용되는 윤리적 이론은?

메이도프와 발리언트 사례에서 공통으로 발견되는 윤리적 이론은 '미끄러운 경사면(Slippery Slope)'이에요. '미끄러운 경사면 이론'은 하나의 원칙이 무너지면 연관된 다른 원칙들이 순차적으로 무너지는 현상을 의미해요. 우리나라 속담에는 '바늘 도둑이 소도둑 된다'라는 말이 있어요. 사소한 비윤리적 행위를 반복하다 보면 나중에는 심각한 범죄를 저지르게 됩니다.

'미끄러운 경사면' 이론을 통해 버나드 메이도프와 발리언트

미끄러운 경사면 이론

사례를 살펴볼게요. 어떻게 사소한 비윤리적 행위가 심각한 범죄
로 이어졌을까요?

미끄러운 경사면 이론

20대의 메이도프는 처음부터 폰지 사기를 칠 생각으로 투자자를
모집하고 투자회사를 만들지 않았어요. 처음에는 정상적으로 투

자자를 모집하여 투자했으나 실력과 경험 부족으로 투자금을 모두 잃었어요. 이때 장인어른에게 손을 벌려 잃은 자금을 확보했고 투자자들에게 "성공적인 투자를 통해 수익금이 발생했고 이를 분배해 드립니다."라고 거짓말을 했어요. 메이도프에게 투자한 사람들은 환호했고 더 많은 투자자가 메이도프를 찾았어요. 거짓 투자 성과는 메이도프를 미끄러운 경사면으로 몰았어요. 메이도프는 외관상 성공한 투자자처럼 보였으나 실제로는 계속 아래로 내려가고 있었어요. 결국, 2008년 메이도프의 거짓말은 세상에 알려지게 되었고 그는 150년 형을 선고받았어요.

사기 행각이 온 세상에 발각되자 행복했었던 메이도프 가족의 고난은 시작됩니다. 큰아들이었던 마크 메이도프(Mark Madoff)는 아버지가 감옥에 간 지 2년이 되는 날, 그의 방에서 생을 마감했어요. 2014년, 둘째 아들이었던 앤드루(Andrew)는 암으로 세상을 떠났어요. 앤드루는 "나의 아버지의 범죄는 우리 형을 빨리 죽였고, 나를 천천히 죽이고 있다."라고 말하곤 했어요. 백만 장자였던 메이도프의 아내, 루스(Ruth)는 모든 것을 빼앗겼습니다. 루스는 현재 집도 없이 차에서 숙식하는 등 어려운 생활을 이어가고 있어요. 40년 전, 메이도프가 투자 성과를 속이지 않고 투자 손실을 투자자에게 사실대로 말했으면 어떻게 되었을까요?

메이도프는 시장의 흐름을 읽어내는 능력과 지도력이 뛰어났고 이를 이용해 대중의 신뢰를 얻었어요. 능력을 인정받아 세계 2위 규모의 거래소인 나스닥의 증권거래위원장을 역임했어요. 40년 전 메이도프가 투자 실패를 인정하고 그가 잘할 수 있는 분야에서 정상적으로 노력하고 활동했다면 메이도프와 그의 가족한테 일어난 비극은 피할 수 있었을 것입니다.

미끄러운 경사면 이론을 통해 발리언트 사례도 살펴볼게요. 2010년 발리언트의 대표가 된 피어슨은 공격적인 인수합병, 비용 절감, 가격 인상 전술을 통해 회사의 이익을 얻었어요. 환자를 쥐어짜서 높은 가격에 약품을 팔아 만든 이익은 도덕적으로는 문제가 있었지만, 불법은 아니었어요. 바늘 도둑이 소도둑이 된다는 말이 있죠? 비도덕적 기업 운영으로 재미를 본 발리언트는 단기적인 이익과 주가 부양에 눈이 멀어 불법적인 매출 부풀리기를 시도합니다. 비윤리적인 행위가 발리언트를 미끄러운 경사면으로 몰았어요. 발리언트는 고객의 건강을 지키고 보호하는 제약회사가 되는 것을 포기하고 고객을 착취하여 이익을 증가시키고 더 나아가 불법적인 행위까지 저질렀어요. 비윤리적이고 불법적인 행위가 지속되는 동안 발리언트의 주가는 크게 상승했지만, 기업의 실질 가치는 하락하고 있었어요. 결국, 2015년 말 발리언트의 비윤리적인 관행과 불법적인 행위는 세상에 드러나게 되고 발리언트에 대한 투자자의 기대는 땅으로 떨어져요. 발리언트의 주가는 고점 대비 90% 하락하고, 제약업계의 천재적인 CEO로 평가되었던 피어슨은 비윤리적이고 무능력한 경영자로 재평가 받게 됩니다. 추후, 피어슨은 뒤늦게 "발리언트 약품 가격을 급격히 인상한 것을 후회한다"라고 말했어요.

사소한 비윤리적 행동이 반복되면 불법적인 행동을 유발하게 돼요. 별생각 없이 한 거짓말이 더 큰 거짓말을 할 수밖에 없는 상황을 만들게 돼요. 사소한 비윤리적 행동이 우리를 미끄러운 경사면에 몰아넣지 않게 경계해야 됩니다.

" 토론거리

사소한 사건으로 미끄러운 경사면에 빠지게 된 경험을 서로 이야기해 볼까요?

가치를 어떻게
평가할까요?

가격과 가치가 다르다는 점을 배워봤어요. 가격은 시장에서 정해지지만, 가치는 주관적인 측면이 있으므로 사람마다 다를 수 있어요. 그렇지만 가치를 평가하는 일반적인 방법은 있어요. 보기에는 어려워 보이지만 우리가 일상생활에서 이미 쓰고 있는 방법이에요. 가치를 평가하는 방법론은 3가지가 있어요. 내가 사는 집의 가치가 얼마나 되는지 알고 싶을 때 어떻게 해야 할까요?

비교 사례법 : 평가하는 주택과 비슷한 주택을 비교하여 가치 산정

가장 쉬운 방법은 내가 사는 집과 유사한 주택의 거래 사례를 찾아보는 것이에요. 국토교통부 실거래가 공개시스템에서 주택에 대한 실거래 정보를 제공하고 있어요. 내가 사는 주택과 비슷한 주택이 거래되는 가격을 통해 가치평가를 할 수 있어요. 우리 집과 유사한 집이 6억 원에 빈번하게 거래된다면, 우리 집의 가치도 그 정도 된다고 평가해 볼 수 있겠죠?

소득접근법 : 주택으로 벌어들일 수 있는 소득을 바탕으로 가치 산정

A 주택과 B 주택이 있다고 가정해 볼게요. A 주택은 월 100만 원의 임대료를 받을 수 있고 B 주택은 월 200만 원의 임대료를 받을 수 있어요. A 주택과 B 주택 중 어떤 주택의 가치가 높다고 예상할 수 있을까요? 더 높은 미래 수입을 창출할 수 있는 A 주택이 B 주택보다 더 높은 가치를 가지고 있다고 예상해 볼 수 있어요.

원가법 : 주택을 만드는 데 드는 비용을 고려하여 가치 산정

3번째 방법은 주택을 건설하는 데 드는 비용이 얼마나 되는지 고려하는 것이에요. 지금 사는 집과 같은 주택을 만드는 데 드는 비용이 얼마나 되는지를 고려하는 방법이에요. 예를 들어, 지금 사는 집을 건설하는 데 5억 원이 소요된다면, 집의 가치를 5억 원으로 평가하는 방법이에요.

어떻게 방법론에 따라 3개의 다른 가치가 나올 수 있나요?

주택의 가치는 어떤 측면에서 보느냐에 따라 달라질 수 있어요. 시장의 관점에서 보는 비교 사례법, 소득의 관점에서 보는 소득접근법, 원가의 관점에서 보는 원가법으로 주택의 가치를 산출함으로써 주택 가치에 대해 포괄적인 이해를 할 수 있어요. 일반적인 경제 상황에서는 비교 사례법으로 평가한 가치가 가장 우선되고 소득접근법이 보조적으로 사용됩니다. 그럼, 원가법은 언제 쓸까요? 원가법은 일반적으로 기업이 더

이상 운영을 할 수 없어 청산할 때 사용되거나 자산의 가장 낮은 가치를 산출할 때 사용됩니다. 원가를 산정하는 방식이니 일방적으로 가장 낮은 가치가 산출됩니다.

주식시장은 미인대회?

영국의 경제학자인 존 메이너드 케인스(John Maynard Keynes)는 주식시장을 미인대회에 비유했어요. 당시 영국에서 유행하던 미인 고르기 대회는 100명의 여성을 놓고 사람들이 선택한 다음 가장 높은 득표를 한 6명의 미인을 맞추는 사람에게 상금을 주는 대회였어요. 따라서, 상금을 받기 위해서는 자신이 가장 예쁘다고 생각하는 미인이 아니라 다른 참가자가 가장 예쁘다고 생각하는 미인을 선택해야 했어요. 비슷한 의미로 미국의 투자 대가인 벤저민 그레이엄(Benjamin Graham)은 "주식시장은 단기적으로는 가치를 재는 저울이 아니라 투표 계산기"라고 했어요. 케인스와 그레이엄은 주식시장에서는 단기적으로 투자 대중의 심리를 바탕으로 주식 가치가 정해진다고 봤어요. 이와 같은 이유로 주식 투자에서 투자자 심리를 파악하는 것은 거시 경제 흐름과 개별 기업의 가치를 파악하는 것만큼 중요하다고 보는 사람도 많아요.

주식시장에서 대중의 심리가 왜 중요한지 알 수 있는 퀴즈!

더 많은 친구가 퀴즈에 참여하면 주식시장에서 왜 다른 투자자의 심리가 중요한지 이해할 수 있어요.

퀴즈 : 0에서 100까지 숫자 중 이 퀴즈에 참가한 모든 친구가 각자 선택한 숫자들 평균의 2/3에 가장 가까운 수가 되도록 당신의 수를 선택하세요.

이 퀴즈에서 우승하려면 어떤 숫자를 적어야 할까요? 만약 퀴즈에 참여한 친구들이 숫자를 무작위로 고른다면 선택한 숫자들의 평균은 50이 될 것이에요. 우리가 맞춰야 하는 숫자는 선택한 숫자들의 평균인 50의 2/3에 해당하는 숫자를 찾아야 하니 33을 선택할 것이에요.

한 단계 더 생각하는 친구는 다른 친구들이 33을 선택할 것을 추측하고 선택한 숫자들의 평균이 50이 아니라 33이 될 것으로 예상할 것이에요. 그럼, 평균인 33의 2/3에 해당하는 숫자인 22를 선택할 것이에요.

여기서 한 단계 더 생각하는 친구는 다른 친구들이 22를 선택할 것으로 추측하고 선택한 숫자들의 평균이 33이 아니라 22가 될 것으로 예상해요. 그럼, 평균인 22의 2/3에 해당하는 숫자인 15를 선택할 것이에요.

이와 같은 방식으로 9단계까지 생각하면 퀴즈에 참가한 모든 학생은 1을 적어낼 것이에요.

- 1단계 생각: 평균 50의 2/3 = 33
- 2단계 생각: 평균 33의 2/3 = 22
- 3단계 생각: 평균 22의 2/3 = 15
- 4단계 생각: 평균 15의 2/3 = 10
- 5단계 생각: 평균 10의 2/3 = 7
- 6단계 생각: 평균 7의 2/3 = 4
- 7단계 생각: 평균 4의 2/3 = 3
- 8단계 생각: 평균 3의 2/3 = 2
- 9단계 생각: 평균 2의 2/3 = 1

영국 〈파이낸셜타임스〉는 수많은 독자를 상대로 근사한 상품을 내걸고 위와 같은 퀴즈를 냈어요. 실제로 퀴즈에서 우승한 숫자는 어떤 숫자였을까요? 사람들은 일반적으로 몇 단계의 생각을 할까요? 실제로 우승한 숫자는 13이었어요. 일반적으로 사람들은 3단계까지 생각하면 더 이상 생각하는 것을 멈춘다는 것을 알 수 있어요.

나스닥(NASDAQ): 미국의 대표적인 증권거래소 중 하나로 벤처기업들이 자금 조달을 쉽게 할 수 있는 시스템을 갖췄으며 시가총액 기준 뉴욕증권거래소에 이은 세계 2위의 증권거래소임.

사모 헤지펀드(Private hedge fund): 일반투자자가 직접 증권에 투자하지 않고 전문가에게 맡겨 투자하는 방법으로 높은 수익률을 추구하기 위해 모인 자본을 의미함.

폰지 사기(Ponzi scheme): 투자 사기 수법의 하나로 실제 투자에서는 아무런 수익이 발생하지 않지만, 신규 투자자들이 투자한 돈을 이용해 기존 투자자들에게 수익을 지급하는 방식임.

미국 증권거래위원회(Securities Exchange Commission): 미국의 증시를 감시 및 감독하기 위해 설립된 기관으로 준사법적 권한을 가지고 있음.

말레이시아의 유령 도시, 포레스트 시티

전 세계 학생들이 크리스마스 선물로 가장 많이 받는 선물 중 하나는 레고(LEGO)입니다. 레고는 라틴어로 '나는 조립한다'를 의미해요. 레고로 다양한 건축물과 도시를 만들어 보면서 도시계획가, 건축사, 부동산 개발자 등 부동산 관련 직업을 갖게 된 어른들도 많아요. 부동산은 경제의 큰 부분을 차지해요. 관심을 가지고 알아보면 부동산도 레고만큼 재미있어요.

부동산의 의미는?

부동산(不動産)은 토지나 건물처럼 움직일 수 없는 재산을 말해요. 레고로 만든 루브르 박물관, 트레비 분수, 타지마할은 개인이 옮길 수 있지만 현실 세계에 존재하는 루브르 박물관, 트레비 분수, 타지마할은 건축물을 손상하지 않고 옮길 수 없어요. 부동산의 범주 안에 포함되는 것은 토지와 토지 위에 세워진 정착물이에요. 여기서 퀴즈 하나 드릴게요. 부동산의 반대말은 무엇일까요? 정답은 동산(動産)입니다. 자동차, 에어컨, 컴퓨터 등 부동산을 제외한 모든 물건은 동산이에요. 부동산은 국가 경제에 큰 부분을 차지해요. 2023년 기준 한국은행과 통계청이 발표한 자료에 따르면, 대한민국의 국내 가구 순자산의 75%가 부동산에 편중되어 있다고 해요. 즉, 우리나라 가구의 전 재산 평균이 1억 원이면 그중 7,500만 원이 부동산과 관련된 재산이라는 것을 나타내요. 국가 경제에서 부동산이 차지하는 비중이 얼마나 큰지 실감할 수 있죠?

지난 30년간 중국의 높은 경제 성장을 이끈 부동산 개발사업

지난 30년 동안 중국은 부동산 개발 사업을 통해 경제 성장률을 크게 높였어요. 2024년 현재 세계에서 가장 높은 건물 Top 10순위에 중국에 있는 5개의 건물이 포함되어 있지만 20년 전만 해도 중국은 높은 건물은커녕 도로, 항만, 공항과 같은 기본적인 사회 기반시설이 갖추어지지 않았으며 국민이 쾌적하게 살 수 있는 주택도 부족했어요. 1990년대 중국의 개혁개방과 함께 외국의 자본이 중국에 들어오면서 경제 개발에 필수적인 사회기반시설이 건설되었으며 매년 대규모의 도시개발사업이 진행되었어요. 중국 경제는 빠르게 성장했기 때문에 허허벌판에 대규모 도시를 만들기만 하면 사람들이 주택을 사고 생활하면서 도시에 활기를 불어넣었어요. 나대지에 신규 개발되어 활성화된 주택과 상가는 시간이 지날수록 가격이 상승했고 중국 경제 성장을 이끌었어요.

과유불급, 모든 것은 지나치면 화가 됩니다

뷔페에 가서 과식한 경험이 있죠? 다양하고 맛있는 음식이 펼쳐진 뷔페에 가면 평소보다 더 많이 먹는 경향이 있어요. 아무리 몸에 좋은 음식도 지나치게 많이 먹게 되면 탈이 나요. 아무리 좋은 시설도 수요보다 공급이 너무 많아지면 문제가 발생합니다. 지난 30년간 중국의 높은 경제 성장을 이끈 부동산 개발사업은 현재 독이 되어 중국 경제를 위협하고 있어요. 말레이시아 조호르바루에 위치한 포레스트 시티(Forest City) 사례를 통해 부동산 개발사업이 어떻게 중국 경제의 발목을 잡고 있는지 살펴볼게요.

포레스트 시티를 위에서 본 모습(조감도)

중국의 대형 부동산 개발사인 비구이위안은 말레이시아 정부
와 협력하여 조호르바루에 포레스트 시티라는 거대한 도시개발
사업을 10년 전부터 추진했어요. 조호르바루에서 싱가포르까지
차량으로 30분이면 갈 수 있기 때문에 포레스트 시티는 부유한
중국인들이 선호하는 입지적 장점이 있어요. 돈이 많은 중국인들
이 휴가 때 거주하는 목적으로 도시는 계획되었어요. 바다 주변
으로 고층 주택과 상업시설이 위치한 포레스트 시티의 모습이 매

우 인상적이죠?

최고급 시설, 그러나 사람이 살지 않는 유령 도시?

부동산 개발회사인 비구이위안은 포레스트 시티에 워터파크, 공원, 대규모 쇼핑몰, 호텔 등 다양한 부동산 시설을 멋지게 건설했어요. 사진으로만 보면 이국적인 느낌의 이 도시는 하와이를 연상하게 합니다. 그러나, 실제로 이 도시를 방문해 보면 포레스트 시티가 하와이와 큰 차이가 있다는 것을 알 수 있어요. 포레스트 시티에는 훌륭한 인프라와 부동산 시설이 있지만 거주하는 사람이 너무 없어요. 잘 지어졌으나 사람이 사용하지 않는 다양한 시설은 유령 도시를 떠올리게 해요. 현재 포레스트 시티에 거주하는 인구는 9,000명 수준입니다. 부동산 개발사업을 통해 만든 인프라, 주택, 상업시설이 수용할 수 있는 인구는 70만 명이에요. 비싼 돈을 들여서 건설한 90% 이상의 호화로운 집이 비어 있어요. 거주하고 있는 사람이 너무 없으니 워터파크, 쇼핑몰, 호텔을 운영할 수 없어요. 100명이 사용해야 운영할 수 있는 시설을 만들었는데 그 지역에 사는 사람이 1명이면 얼마나 황당할까요? 이런 황당한 일이 포레스트 시티에서 일어나고 있어요.

문제는 하나가 아니라는 것!

중국 본토에는 포레스트 시티와 같은 도시가 파악할 수 없을 정도로 많습니다. 베이징과 상하이 등 많은 인구가 거주하고 있는 1선 대도시는 문제가 없지만 내륙 지방에 있는 2선 지방 도시에는 수많은 유령 도시가 분포되어 있어요.

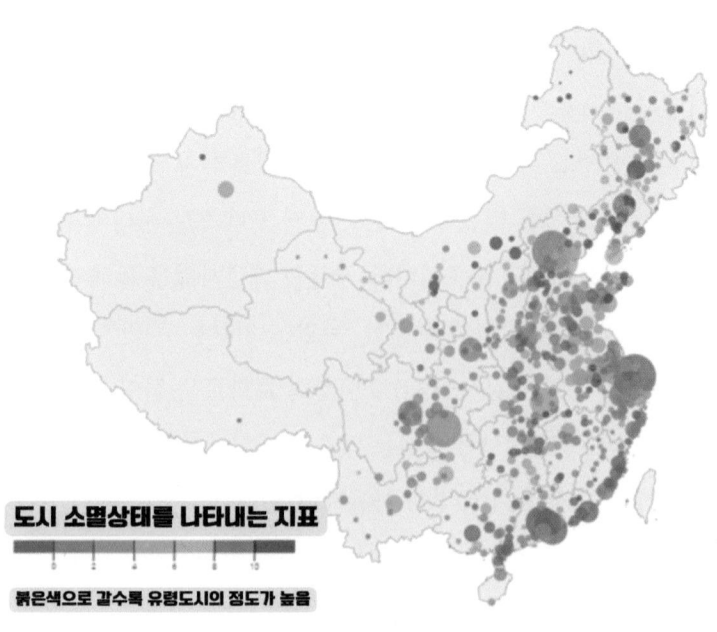

도시 소멸상태를 나타내는 지표

붉은색으로 갈수록 유령도시의 정도가 높음

유령 도시의 분포와 정도를 나타낸 다이어그램

상식적으로 생각했을 때 유령 도시를 건설한 중국의 부동산 개발회사를 이해할 수 없어요. 아무도 살지 않는 허허벌판에 주택을 건설한 후 시간이 지나면 사람들이 점진적으로 이동하여 살 것이라고 믿은 걸까요? 왜 중국의 수많은 부동산 개발회사는 무모하게 개발사업을 추진했을까요?

부동산 개발사업을 추진한 건설회사는 중국인이 계속해서 신규 부동산을 매입할 것으로 자신했어요. 지난 30년 동안 도시를 만들기만 하면 팔렸고 큰돈을 벌었으니, 미래에도 계속 같은 일이 반복된다고 쉽게 생각한 것이에요. 하지만, 2020년 코로나바이러스가 발생하면서 중국 경제는 침체에 빠졌고 중국인의 부동산 수요는 급격히 감소하기 시작했어요.

하나, 둘 터지는 대형 부동산 개발회사들

코로나19가 발생한 후 1년도 되지 않아 대형 부동산 개발회사인 에버그란데 그룹은 은행, 보험사, 증권사로 구성된 대주단의 대출을 갚을 수 없다고 선언해요. 부동산 개발사업은 큰 비용이 소요되기 때문에 금융기관에서 많은 자금을 빌려서 사업을 진행해요. 건설한 주택이 잘 팔리면 문제가 생기지 않아요. 주택을 판매

2022년 재정적 어려움에 빠진 부동산 개발회사 수낙

한 자금으로 빌린 돈을 갚은 후 부동산 개발회사는 큰돈을 벌 수 있죠. 하지만, 비싼 돈을 들여 만든 주택을 아무도 사지 않으면 문제가 심각해지고 다양한 기관과 사람이 피해를 봅니다. 부동산 개발회사는 금융회사로부터 빌린 돈을 갚을 수 없게 되고 부족한 자금으로 인해 주택을 완공시키지 못하게 됩니다. 우리나라에도 10년 넘게 방치되고 있는 공사 현장이 있어요. 부동산 개발사업이 계획대로 진행되지 못했기 때문에 사회·경제적으로 큰 피해를 주는 것이죠. 중국의 경기 침체가 심화되고 부동산에 대한 수요가 지속해서 감소하자, 수낙(SUNAC)을 포함한 수십 개의 중국 부동산 개발업체는 재정적 어려움에 빠지고 일부는 파산했어요.

부동산 개발회사들의 파산이 경제에 미치는 영향은?

부동산 산업은 건설회사와 금융기관뿐만 아니라 실물 경제에도 촘촘히 연결되어 있어요. 부동산 산업과 부동산 연관 사업이 중국의 국내총생산에 차지하는 비중은 24% 수준인 것으로 조사돼요. 과거 중국 경제가 침체에 빠질 때마다 부동산 개발사업을 효과적으로 활용해서 경제에 활력을 불어넣었지만, 부동산에 대한 수요 감소로 더 이상 부동산 산업에 기댈 수 없는 상황이에요. 유령 도시가 중국 경제에 미치는 영향을 잘 이해하고 있으므로 중국 정부는 유령 도시를 적극적으로 관리하고 있어요. 이에 따라, 중국의 부동산 시장 위축으로 인해 중국 경제가 위기에 직면할 가능성은 적을 것으로 예상돼요.

"토론거리

1990년대 사회간접자본이 부족할 때 부동산 개발사업은 중국 경제를 이끈 반면, 현재 부동산 개발사업은 중국 경제에 부정적인 영향을 주고 있는데, 왜 그럴까요?

한계효용체감의 법칙과 생산성

　한계효용체감의 법칙은 어떤 재화를 소비함으로써 얻는 만족감을 나타내는 개념으로 재화 한 단위를 더 소비할 경우, 발생하는 추가적인 만족감은 감소한다는 것을 나타내요. 예를 들어, 더운 여름 시원한 탄산음료 한 캔이 주는 행복감을 10이라고 생각해 보죠. 한 캔을 마시고 난 후 2번째 탄산음료가 주는 행복감은 10보다 클까요? 작을까요? 이미 한 캔을 마시고 나서 2번째 마시는 탄산음료가 주는 행복감은 10보다 작을 것이에요. 그럼, 5번째 탄산음료가 주는 행복은 어떨까요? 행복감은 커녕 마시기도 싫겠죠?

　한계효용체감의 법칙을 이해했으니, 중국의 부동산 개발사업을 한계효용체감의 법칙으로 설명해 볼까요? 1990년대 중국은 도로, 항만, 공항과 같은 사회기반시설이 부족했고 주택도 부족했어요. 이런 상황에서 사회기반시설과 주택을 건설하는 부동산 개발사업은 중국인의 생산성을 증가시킬 것이에요. 건설된 도로, 항만, 공항을 통해 중국 공장에서 만

든 물건을 더 효율적이고 싼 가격에 수출할 수 있을 것이에요. 또한, 비위생적이고 추운 집에서 살던 수많은 중국인이 현대적인 주택에 거주함으로써 중국인들의 생산성이 올라갈 것이에요. 즉, 1990년대 중국의 부동산 개발사업은 2가지 측면에서 경제 성장률에 이바지했어요.

첫 번째로 부동산 개발사업을 통해 중국의 총생산에 기여했어요.

둘째는 부동산 개발사업을 통해 중국인들의 생산성이 올라갔어요. 더운 여름 시원한 첫 번째 탄산음료가 주는 행복감이 가장 크고 두 번째부터는 행복감이 첫 번째 음료보다 줄어드는 것처럼 1990년대부터 대규모로 시작된 중국의 개발사업이 중국인의 생산성에 미치는 긍정적 영향은 갈수록 줄어들었어요. 30년 동안 확장된 중국의 부동산 개발사업으로 인해 2020년 중국은 이미 충분한 사회간접자본과 주택이 있음에도 계속해서 부동산 개발사업을 확장했어요. 수요보다 공급이 많이 증가한 것이죠.

결국, 5번째 탄산음료가 우리를 불행하게 만드는 것처럼 지나치게 많이 개발된 도시는 중국 경제를 끌어내린 것이에요. 즉, 1990년대 중국 부동산 개발사업은 창출된 가치가 비용보다 많아 순가치를 창출했으나 2020년대 중국 부동산 개발사업은 창출된 가치가 비용보다 작았기 때문에 오히려 순가치를 파괴한 것으로 볼 수 있어요.

비트코인 등장과 실물 경제

20년 전 제가 중학생이었을 때 물건을 사기 위해서는 현금이 있어야 했어요. 그러나 지금은 현금 없이도 편의점이나 분식점을 이용할 수 있어요. 카드를 사용해서 거래할 때 실제로 어떤 일이 발생할까요? 내가 카드를 통해 5,000원의 떡볶이를 구매하는 찰나의 순간, 많은 정보가 오고 갑니다. 먼저, 카드를 통해 나에 대한 정보가 제공됩니다. 상점은 내가 5,000원을 실제로 가졌는지 은행에 물어봅니다. 은행은 나의 계좌를 확인하여 충분한 돈이 있으면 5,000원을 나의 계좌에서 분식점 계좌로 이동시킵니다. 은행이 거래에 대한 모든 정보를 기록하고 투명하게 관리합니다. 전자상거래 기술의 발전과 중간자 역할을 하는 은행을 신뢰하기

카드를 통해 거래하는 장면

때문에 번거롭게 현금을 가지고 다니지 않고도 카드를 통해 편리하게 거래할 수 있는 '현금 없는 거래 시대'가 도래했습니다.

더 이상 은행을 못 믿겠다!

2008년 발생한 세계 금융위기의 원인 중 하나는 금융기관의 탐욕과 속임수였어요. 금융기관은 더 많은 돈을 벌기 위해 대출금을 갚을 능력이 없는 사람들을 대상으로 대출을 해줬어요. 수입도 없는 사람이 대출받을 수 있었고 심지어 돈이 전혀 없어도 은행에서 대출받아 고가의 주택을 매입할 수 있었어요. 심지어, 오하이오주에서는 사망자 명의로 대출이 23건이나 승인되었으며 애완견 명의로도 대출이 나왔어요. 경제에서 중요한 역할을 했던 은행은 대중의 신뢰를 쌓기보다는 돈 벌기에 급급했죠. 주택 가격이 상승할 때는 문제가 없었지만, 2007년 초부터 주택 가격이 하락하면서 회수되지 않는 은행의 돈은 점차 많아지게 됩니다. 2008년 9월 14일, 그 당시 세계 4위 규모였던 금융기관인 리먼 브러더스가 망하게 되면서 세계 금융위기가 촉발되었어요. 리먼 브러더스의 CEO였던 리처드 펄드 주니어(Richard S. Fuid, Jr)는 회사가 파산하기 직전 자신이 가지고 있던 리먼 브러더스(Lehman Brothers)의 주식을 팔아치워 5,100억 원을 벌었으며 퇴직금으로 230억 원을 받았어요. 회사가 파산하면 그 회사 주식의 가치는 크게 떨어지게 됩니다. 리처드는 회사가 망할 것을 미리 알고 주주의 이익은 고려하지 않고 책임감 없이 본인의 이익을 최대화했어요. 사람들은 은행을 비롯한 금융기관의 책임감 없고 자신들의 이익만 챙기는 행태를 보고 분노했고 변화가 필요하다고 생각하게 됩니다. 어떻게 거래의 중간자로 본인의 이익만 추구하는 은행을 믿을 수 있을까요?

거래의 중간자로서 은행을 과연 믿을 수 있을까요?

거래의 중간자, 은행을 빼고 가자!

2008년 세계 금융위기에 대한 대중의 분노를 연료 삼아 비트코인은 탄생합니다. 비트코인의 창시자라고 알려진 사토시 나카모토(Satoshi Nakamoto, 익명)는 금융기관 중심의 시스템을 비판하며 기존 시스템의 문제점을 해결할 방법으로 비트코인을 제안했어요. 즉, 중간자인 은행을 빼버리고 탈중앙화되어 화폐를 발행하고 결제할 수 있는 블록체인 기술을 소개했어요. 비트코인은 은행을 거치지 않고 돈을 보내는 사람으로부터 받는 사람에게 직접 전송한다는 점에서 현금과 유사점이 있어요. 그러나, 현금과 달리 모든 비트코인 거래는 블록체인에 기록되고 보내는 사람과 받는 사람의 익명성을 보호하기 위해 모든 거래는 암호화됩니다.

은행이 중간에서 거래를 확인해 주지 않고 관리하지 않으면 어떤 일이 일어날 수 있을까요? 계좌에 돈이 없음에도 불구하고 나쁜 구매자가 물건을 살 수 있을 것이고 이 경우 판매자가 피해를 보게 됩니다. 반대로 나쁜 판매자가 여러 번 중복으로 결제하여 판매 가격보다 더 높은 금액을 구매자에게 청구할 수도 있겠죠? 거래에 있어 누군가는 정확하게 중간자 역할을 해주지 않으면 안전하게 거래할 수 없어요. 비트코인은 이 문제를 어떻게 해결했을까요?

탈중앙화된 화폐 결제 시스템, 비트코인

비트코인은 은행을 신뢰하지 않습니다. 소수의 은행 대신, 모든 거래를 노드(Node)에 기록하여 신뢰할 수 있는 시스템을 만듭니다. 노드는 통장과 계좌번호 같은 역할을 수행해요. 비트코인은 전 세계 모든 사람이 사용하는 돼지 저금통이고, 노드는 이 돼지

세계인이 사용하는 돼지 저금통, 비트코인

저금통이 원활하게 작동하도록 돕는 운영자라고 생각해 보세요. 누군가가 돼지 저금통에 돈을 넣거나 빼려고 할 때 노드는 동작하게 됩니다. 노드는 함께 작동하고 서로 대화하므로 모든 사람이 언제든지 돼지 저금통에 돈이 얼마나 있는지 정확히 알 수 있어요. 또한, 일부 노드가 휴식을 취하더라도 다른 노드는 쉬지 않고 일하기 때문에 모든 사람이 돼지 저금통을 신뢰할 수 있고 누구도 돼지 저금통을 함부로 다룰 수 없습니다.

탈중앙화된 화폐 결제 시스템에서는 수많은 노드가 결제의 중간자 또는 보증인 역할을 합니다. 비트코인을 통해 거래가 일어날 때 거래 정보에 대한 사본은 다른 노드에 배포됩니다. 사본을 받은 노드는 은행이 하는 역할을 수행하게 됩니다. 계좌에 충분한 돈이 있고 거래에 문제가 없는지 검토한 후 거래 정보를 노드에 기록합니다. 중앙화된 화폐 결제 시스템에서는 은행이 결제 시스템을 검토했지만, 탈중앙화된 화폐 결제 시스템인 비트코인에서는 수많은 노드가 결제 시스템에 문제가 없는지 확인합니다. 어두컴컴하고 인적이 드문 장소에서는 범죄가 일어나지만, 수많은 사람이 활발하게 움직이는 거리에서는 범죄가 일어나지 않는 것처럼 다수의 노드가 거래 정보와 검토 내용을 교차 검토하기 때문에 거래를 신뢰할 수 있어요. 만약 해커가 가짜 거래 내역을 만들어서 유효하다고 주장하면 어떻게 될까요? 수많은 노드가 가짜 거래 내역을 발견해 내고 해당 거래를 제거하여 비트코인 네트워크는 공정하게 운영될 수 있어요.

노드를 운영하는 사람은 노동력을 제공하는 대가로 시스템이 자동으로 생산하는 비트코인을 보상받아요. 거래 내역이 저장된 블록체인을 보관하여 보상받는 비트코인을 땅에서 금을 캐내는 것에 비유하여 '채굴하기'라고 불러요. 블록체인은 거래 정보

한번 기록된 것은 지워지지 않는 마법의 노트, 블록체인

를 기록하는 노트라고 생각해 보세요. 이 노트를 우리 집에 보관하는 대신 이웃 사람들 모두가 한 권씩 가지고 있어요. 비트코인으로 장난감을 살 때 이웃 사람들 모두가 거래한 정보를 자신의 노트(블록체인)에 적습니다. 다만, 일반적인 노트와 블록체인이 다른 점이 있어요. 블록체인에 무언가를 적으면 변경하거나 지울 수 없어요. 따라서, 한번 거래된 정보는 영구적으로 모든 사람이 볼 수 있도록 기록되어 있어요. 이렇게 하면 이웃 사람들 모두 누가 무엇을 가졌는지 알고 어떤 거래가 일어나고 있는지 투명하게

알 수 있기 때문에 공정한 거래를 할 수 있게 됩니다. 블록체인 기술이 있기에 은행이라는 중간자 없이도 모든 사람이 거래 규칙을 지키도록 만들 수 있어요.

비트코인의 연도별 가치는?

2010년 5월, 미국의 한 피자 가게에서 10,000비트코인을 받고 피자 2판을 교환하면서 현실 세계에서 최초로 비트코인이 사용되었어요. 피자 2판의 가격을 10만 원이라고 가정했을 때 비트코인 1개의 가격은 10원 수준이라는 것을 알 수 있어요. 2011년부터 전 세계에서 비트코인 거래소가 만들어지고 비트코인에 대한 시장가격이 형성되기 시작해요. 비트코인의 가격은 점차 상승하여 500원에서 5만 원 사이를 기록해요. 2016년까지 비트코인의 가격은 크게 상승하지 못했어요. 그러나, 2017년부터 비트코인의 가격은 급격히 상승해요. 2017년 12월, 비트코인 1개의 가격은 무려 2,400만 원에 도달해요. 2010년 10,000비트코인으로 피자 2판을 교환하지 않고 10,000비트코인을 보관하고 있었더라면 무려 4,800,000판의 피자를 먹을 수 있을 정도로 비트코인의 가격은 상승했어요. 2017년부터 2021년까지 비트코인의 가치는 등락을 거듭하며 가치가 올랐어요. 2021년 11월, 비트코인은 역대 최고가인 8,000만 원을 기록했어요. 그러나, 2022년부터 비트코인의 가격은 급격히 하락해요. 2022년 말에는 세계 2위였던 대형 코인 거래소 FTX가 파산을 선언해요. 2023년 초반 대형 코인 거래소 FTX의 붕괴 여파로 암호 화폐 업계가 휘청거렸어요. 스테이블 코인 루나의 몰락은 5개의 암호 화폐 관련 회사의 파산을 촉발했어요. 2022년부터 2023년 1년간 대부분의 암호 화폐가 폭락했으며 비트코인 가격은 2022년 12월 대비 74%가 하락했어요.

연쇄적으로 붕괴된 암호 화폐 산업

암호 화폐 산업을 구성하는 회사는 서로 밀접하게 얽혀 있어요. 암호 화폐 업계 내 회사가 다른 회사에 자금을 빌리고 빌려주기도 하고 때로는 암호 화폐 거래의 상대방이 되어 거래하기도 합니다. 2022년~2023년 사이 파산한 5개 회사를 보면 암호 화폐 업계가 얼마나 밀접하게 연관되어 있는지 알 수 있습니다. 암호 화폐의 자산 가치 하락은 수많은 암호 화폐 거래소, 암호 화폐 대출기관, 암호 화폐 투자회사의 파산을 촉발했어요. 쓰리 애로우(Three Arrows)는 암호 화폐에 적극적으로 투자한 회사였어요. 쓰리 애로우는 자신들의 돈뿐만 아니라 다른 업체로부터 대출받아 암호 화폐에 투자했어요. 쓰리 애로우가 크게 투자한 암호 화폐는 루나였어요. 루나의 가격이 하락하자 쓰리 애로우가 가지고 있는 자본금이 눈 녹듯 사라지기 시작했어요. 쓰리 애로우는 13조 원을 가지고 있는 회사였지만 투자 실패에 따라 대출금을 상환하지 못하고 2022년 6월 파산하게 됩니다. 암호 화폐 산업의 회사들은 서로 밀접하게 연관되어 있다는 것을 기억하시죠? 쓰리 애로우가 파산함에 따라 암호 화폐 대출 업체인 블록파이(BlockFi), 보야저(Voyager), 셀시우스(Celsius)는 빌려준 돈을 받을 수 없게 되어 큰 손실을 보았어요. 세계 2위 규모의 암호 화폐 거래소였던 FTX는 파산을 피하고자 현금이 필요했던 블록파이와 보야저를 지원했어요.

백마 탄 기사 FTX는 암호 화폐 산업을 살릴 수 있었을까요?

아무리 규모가 큰 업체라고 해도 한번 무너진 댐은 복구하기 어렵습니다. 암호 화폐 산업의 밀접한 상호 연관성은 시장이 좋을 때는 효율적으로 움직이지만, 위기 상황에서는 더 큰 위험을 만들어냅니다. FTX의 지원에도 불구하고 보야저는 2022년 7월 파산했고 며칠 후 셀시우스도 파산했습니다. 블록파이, 보야저를 지원했던 FTX는 2022년 11월 자금 관리 부실로 파산했으며 암

암호 화폐 시장의 붕괴

호 화폐 대출업체인 블록파이도 2022년 12월 인출을 중단하고 파산했습니다. 쓰리 애로우의 파산은 연쇄적으로 블록파이, 보야저, 셀시우스, FTX에 부정적 영향을 미쳤으며 5개의 암호 화폐 연관 회사는 6개월도 안 되는 기간에 모두 연쇄적으로 파산했습니다.

특정 산업이 이 정도로 붕괴하면 실물 경제에 큰 영향을 미쳐야 합니다. 우리가 앞에서 살펴봤듯이 중국 부동산 산업의 붕괴는 중국 경제에 부정적인 영향을 미쳤습니다. 하지만, 암호 화폐 산업 붕괴는 실물 경제에 큰 영향을 주지 않았어요.

암호 화폐 산업의 붕괴가 실물 경제에 큰 영향을 미치지 않은 이유는?

자동차, 철강, 부동산 산업 등이 붕괴할 경우, 그 산업에 포함된 회사에 대출해 준 금융기관이 부실해지고 실물 경제 전체가 흔들릴 수 있어요. 하지만, 암호 화폐 산업은 자동차, 철강, 부동산 산업과 차이가 있어요. 미국 금융 안정 감독위원회는 2022년 10월 보고서에서 "암호 화폐 산업으로 분류되는 회사들의 높은 상호 연결성이 연쇄 도산의 이유다"라고 평가했어요. 앞에서 설명했듯이 암호 화폐는 전통적인 금융기관을 신뢰하지 못하여 탄생했어요. 다른 산업과 달리 암호 화폐 산업은 은행과 같은 금융기관과 분리되어 있어요. 예를 들어, 2022년 파산한 셀시우스의 채권자 (돈을 빌려준 기관 또는 사람) 목록을 보면 은행이 없습니다. 셀시우스의 채권자는 대부분 암호 화폐와 관련된 회사 또는 벤처캐피털 회사였어요. 은행은 IT, 자동차, 철강 등 다른 산업에 있어서는 적극적으로 대출을 해줬으나 암호 화폐 산업에 있어서는 제한적으로 대출해 줬어요.

은행들이 암호 화폐 산업에
적극적으로 대출하지 않은 이유는?

소수의 금융기관이 암호 화폐 산업으로 분류되는 회사와 일했고 자금 조달을 지원했어요. 대형 은행이나 투자자들은 암호 화폐 산업에 큰 관심을 두지 않았어요. 은행이 암호 화폐 자산에 투자하거나 대출한 금액은 전체 자산의 0.01%에 불과했어요. 은행이 소극적으로 투자 또는 대출했기 때문에 암호 화폐 산업 내에서 자체적으로 자금을 빌리고 빌려줄 수밖에 없었어요. 다시 말해, 암호 화폐는 금융 시스템으로부터 고립되었기 때문에 산업 내부에서 자체적으로 자금을 돌릴 수밖에 없었습니다.

심지어 최고의 투자자로 인정받는 워런 버핏(Warren Buffett)은 "세상에 존재하는 모든 비트코인을 25달러에 판다는 제안을 해도 나는 사지 않을 것이다. 왜냐하면 비트코인으로 내가 할 수 있는 것이 없기 때문이다. 내가 비트코인을 당신에게 팔아야만 비트코인에 투자한 돈을 회수할 수 있다."라고 말하며 비트코인에 회의적인 입장을 표현했어요. 역설적으로 암호 화폐 산업이 고립되었기에 암호 화폐 산업 붕괴가 실물 경제에 주는 영향은 제한적이었어요.

암호 화폐 산업 규제가 필요할까요?

이번에 발생한 위기를 경험하면서 암호 화폐 투자자를 보호하기 위해 "정부가 강력히 암호 화폐를 규제해야 한다"라고 주장하는 전문가도 있습니다. 암호 화폐가 금융 시스템에 들어올 수 있도록 제도적 장치를 마련해야 한다는 취지로 이해됩니다. 하지만, 정부 규제는 암호 화폐의 목적인 탈중앙화에 부합하지 않아요. 국가의 규제가 있어야만 관리되는 시장이라면 탈중앙화한 화폐로서 암호 화폐는 존재할 이유가 없겠죠? 또한, 아무리 정교한 규제를 만든다고 해도 암호 화폐의 가치가 투기적이라면 암호 화폐가 금융 시스템으로 들어오는 것은 오히려 더 큰 위기를 초래하고 금융 시스템을 불안정하게 만들 수 있어요. 아직 암호 화폐의 가치는 상당 부분 투기적이에요. 암호 화폐의 내재 가치를 추정할 수 있는 합리적인 방법론조차 없는 상황이에요. 미국 연방준비제도 이사회 의장이었던 앨런 그린스펀은 "비트코인의 내재가치를 추정하기 위해서는 엄청난 상상력이 필요하다. 나는 아직 비트코인의 내재 가치를 추정하는 방법을 모르겠다."라고 말하며 비트코인의 투기적 성격을 강조했어요. 암호 화폐가 아직 금융 시스템에 들어와 있지 않았기 때문에 2022년~2023년에 발생한 암호 화폐 시장의 붕괴는 다행히 실물 경제에 큰 영향을 주지 않앉았어요. 향후 암호 화폐가 금융 시스템으로 들어왔음에도 불구하고 암호 화폐의 투기적 특성이 계속된다면 암호 화폐는 실물 경제에 시한폭탄이 될 수 있어요. 2024년 1월, 미국 증권 거래위원회가 비트코인 현물 ETF를 승인하면서 비트코인 가격은 빠르게 상승했어요. 2024년 3월 비트코인 가격은 개당 1억 원을 돌파했어요.

암호 화폐를 얼마나 믿을 수 있을까요?

센트라테크(Centra Tech)는 2017년 샘 샤르마(Sam Sharma), 로버트 파르카스(Robert Farkas), 레이몬드 트래파니(Raymond Trapani)에 의해 설립되었어요. 센트라테크의 설립자들은 하버드 대학을 졸업했다고 알려졌으며 뛰어난 경영진을 영입하여 암호 화폐를 이용한 카드 결제 시스템을 만들었어요. 비자카드와 마스터카드와 협력하여 암호 화폐를 달러와 원화처럼 편의점, 백화점 등에서 쓸 수 있는 시스템을 구축했어요. 센트라카드는 천재 복서, 플로이드 메이웨더(Floyd Mayweather)와 같은 유명인들을 이용하여 제품을 홍보하고 투자자를 모집했어요. 센트라테크는 350억 원에 달하는 투자금을 모집했어요. 잘 나가던 암호 화폐 관련 기업, 센트라테크는 투자금을 받은 후 1년도 되지 않아 파산

센트라카드를 광고하는 천재 복서 플로이드 메이웨더(Floyd Mayweather)

하고 사기 혐의로 관련자들은 구속됩니다. 센트라테크 설립자인 샘과 레이몬드는 하버드 대학 졸업생이 아니라 고등학교 졸업자인 것이 밝혀졌으며 암호 화폐를 이용한 카드 결제 시스템은 모두 가짜였어요. 비자, 마스터카드와의 협업도 모두 거짓임이 드러났어요. 2018년, 센트라테크의 설립자들은 미 관계 당국에 체포되어 징역형이 선고되었어요.

비트코인과 기타 암호 화폐는 전통적인 은행 및 금융 시스템을 신뢰하지 못해 등장했죠? 비트코인의 창시자인 나카모토 사토시는 정부와 금융기관의 통제를 벗어나 운영되는 분산형 통화

시스템을 구상했어요. 탈중앙화된 분산형 통화 시스템은 금융 시스템의 권력과 중앙 집중화에 대해 불만을 가진 많은 사람에게 반향을 불러일으켜서 성장할 수 있었어요. 그러나, 탈중앙화된 암호 화폐 산업이 빠르게 성장하자 수많은 사기 행위와 피해자를 만들었어요.

센트라테크 사례에서 볼 수 있듯이 암호 화폐를 이용한 사기 행위로 인해 많은 피해자가 발생하고 있기 때문에 전통적인 금융 시스템에 대한 대안으로서 암호 화폐가 역할을 할 수 있을지 의문이 생겨요. 정부 당국의 규제와 감독을 받지 않는 탈중앙화된 암호 화폐를 얼마나 신뢰할 수 있을까요? 기술 발전에 따라 미래에는 달라질 수 있겠지만 현재 상황만 봤을 때 거래의 중간자로서 은행보다 암호 화폐를 신뢰하기는 어려워 보입니다.

> **토론거리**
> 비트코인이 어떤 부분에서 혁신적이라고 생각하나요? 비트코인은 기존 은행 시스템을 대체할 수 있을까요?

혁신을 선도하는
비트코인

비트코인이 혁신적인 이유는 노드를 통해 기록을 분산시켜 거래 중개자 없이도 거래가 가능하다는 점입니다. 블록체인에서 작동하는 비트코인은 은행에 의존하지 않고 전 세계적으로 직접 거래할 수 있어요. 이러한 비트코인의 혁신은 은행과 같은 선진화된 자본 시장을 갖추지 않은

롤러코스터 같은 비트코인의 가격 변동성

개발도상국 국민에게는 큰 효용을 제공해요. 일반 은행 시스템에서 다른 나라로 자금을 이체할 경우, 긴 거래 과정을 거치며 높은 수수료를 요구합니다. 비트코인을 활용한 국경 없는 신속한 거래는 보다 효율적인 대안을 제공하기 때문에 잠재적으로 은행의 경쟁자가 될 수 있어요. 또한, 비트코인의 분산된 특성은 중앙화된 은행의 결제 시스템 대비 장점이 있어요. 블록체인 기술을 사용하면 완벽히 신뢰하기 힘든 은행에 의존할 필요가 없어요. 그러나 단점도 분명히 존재해요. 달러, 원화, 엔화와 같은 화폐와 달리 비트코인의 가격 변동성은 매우 높아서 2024년 현재 일반적인 거래의 수단으로 사용되지 못하고 있어요. 음료수 1캔을 사 먹고 싶어도 비트코인을 팔아 현금화해야 음료수를 구매할 수 있어요.

경제 용어 풀이

주주 : 주식을 가지고 직접 또는 간접으로 회사 경영에 참여하고 있는 개인이나 법인을 의미함.

주식 : 주식회사에서 자기자본을 조달하는 수단으로 사용되는 유가 증권을 의미하며 주식을 소유하는 주주에게는 회사에 대한 법률상 권리를 나타내는 증서임.

비트코인 : 컴퓨터의 단위를 뜻하는 비트(Bit)와 화폐를 뜻하는 코인(Coin)에서 유래되었으며 탈중앙화된 디지털 화폐로 중앙 당국이나 중개인 없이 사용자에 의해 사용할 수 있음.

3장.
중앙은행의 이해

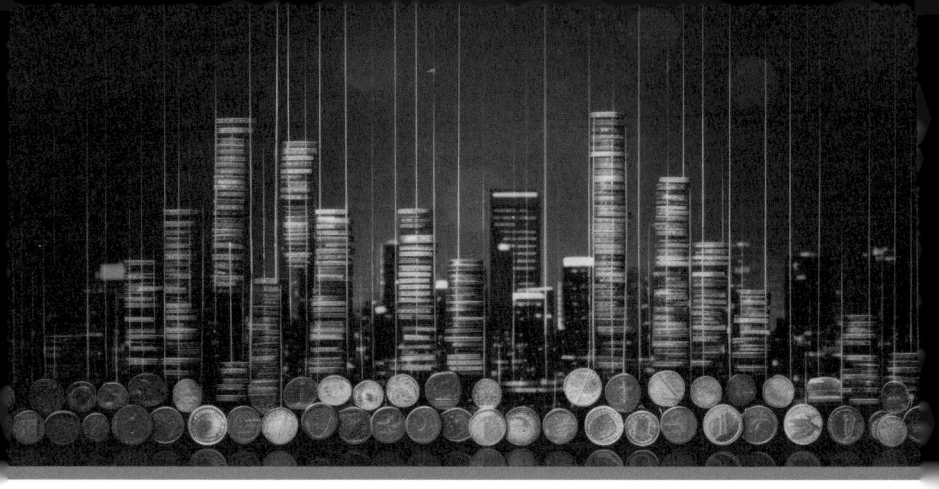

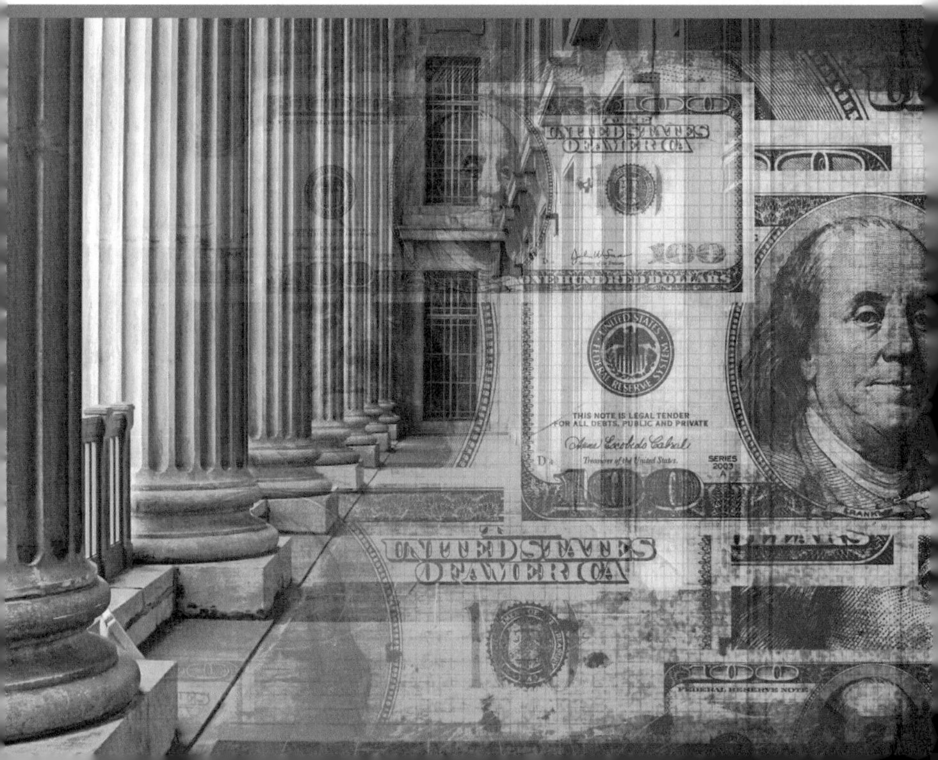
UNITED STATES OF AMERICA
ONE HUNDRED DOLLARS
FEDERAL RESERVE SYSTEM
THIS NOTE IS LEGAL TENDER
FOR ALL DEBTS, PUBLIC AND PRIVATE
Treasurer of the United States.
SERIES
UNITED STATES
OF AMERICA
FEDERAL RESERVE NOTE

중앙은행이 2%의 인플레이션을 목표로 하는 이유

인플레이션은 장난감, 옷, 음식, 미용실 등 우리가 사는 물건과 서비스의 가격이 시간이 지남에 따라 상승하는 것을 의미해요. 사탕 한 병이 있다고 상상해 볼까요? 병 안에 있는 사탕은 정해져 있는데 사탕을 사려는 사람이 많아지면 사탕의 가격은 올라가게 됩니다. 인플레이션이 너무 높아지게 되면 사람들의 삶은 힘들어져요. 인플레이션이 높다는 것은 같은 금액의 돈을 가지고 살 수 있는 사탕의 숫자가 줄어든다는 것이에요.

중앙은행은 가격이 너무 빠르게 오르지 않게 하기 위해 인플레이션을 통제해요. 인플레이션을 관리한다는 것은 어떻게 보

인플레이션 관리와 유사한 측면이 있는 다트 게임

면 다트 게임과 유사한 면이 있어요. 다트 게임에서는 불스아이 (Bullseye)라고 불리는 가운데를 맞추면 가장 높은 점수를 받아요. 다트 게임에서 불스아이에 가깝게 맞출수록 더 높은 점수를 기록하는 것처럼 중앙은행은 인플레이션을 2%에 맞추려는 목표를 가지고 있어요. 2%를 기준으로 너무 높거나 낮지 않으면 물가 관리를 잘했다고 평가합니다. 경기 침체나 전쟁과 같은 위기가 발생하지 않으면 중앙은행은 2% 수준의 인플레이션을 어렵지 않게 유지할 수 있어요.

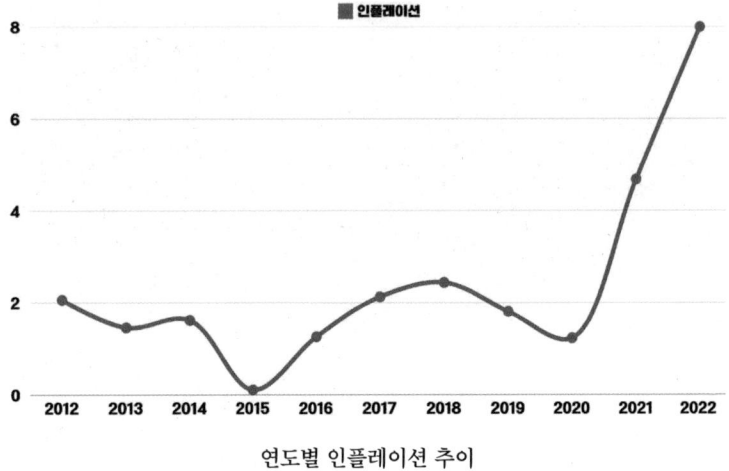

연도별 인플레이션 추이

2012년부터~2020년까지 미국의 인플레이션 수치를 보면 미국 연방공개시장위원회(중앙은행)가 인플레이션을 2% 미만으로 잘 관리했다는 것을 알 수 있어요.

2012년부터 2020년까지 안정적으로 관리되던 인플레이션은 2021년이 되자 크게 튀어 올랐어요. 코로나19로 인한 경기 침체를 우려한 중앙은행이 너무 많은 화폐를 공급하는 바람에 돈의 가치가 떨어졌고 물건과 서비스의 가격이 크게 올랐어요. 2021년 기준 인플레이션은 4.69%로 중앙은행을 긴장시켰어요. 2022년 인플레이션이 8%까지 오르자, 중앙은행은 인플레이션을 다시

2%대로 맞추기 위해 다양한 조치를 취했어요.

인플레이션을 낮추기 위해 중앙은행이 취하는 조치는?

다양한 종류의 식물과 꽃을 키우는 식물원을 상상해 보세요. 식물과 꽃이 너무 많은 영양분을 받게 되어 지나치게 빠르게 자라면 아름다운 식물원을 가꾸기가 어려워져요. 중앙은행은 식물원의 정원사처럼 경제의 균형을 유지하기 위해 인플레이션을 관리해요. 정원사가 너무 빨리 성장하는 식물을 관리하듯이 재화와 서비스의 가격이 너무 빨리 오르기 시작하면 중앙은행은 경제에 개입하여 통제해요. 정원사가 식물원을 가꾸기 위해 도구를 사용하는 것처럼 중앙은행은 인플레이션을 통제하기 위해 2가지 도구를 사용해요.

중앙은행이 사용하는 첫 번째 도구는 이자율입니다. 정원사가 식물 주위에 작은 울타리를 쳐서 성장 속도를 조절하는 것처럼 중앙은행은 이자율을 높여서 인플레이션을 조절할 수 있어요. 이자율이 오르면 은행에서 돈을 빌리는 데 드는 비용은 더 커져요. 따라서, 지출을 줄이게 될 것이고 이는 가격 상승 속도를 늦추게 됩니다. 반대로 경제가 지나치게 침체하게 되면 중앙은행은 이자율을 낮춰서 경기를 부양해요.

중앙은행이 사용하는 두 번째 도구는 화폐 공급이에요. 정원사가 식물에 주는 물의 양을 조절하는 것처럼 중앙은행은 경제에 들어가는 돈의 양을 통제할 수 있어요. 경제에 화폐가 너무 많이 공급되면 가격이 빨리 올라가게 됩니다. 즉, 중앙은행은 경제에 공급되는 돈의 양을 줄여 인플레이션을 감소시킬 수 있어요.

중앙은행의 인플레이션 목표가 왜 2%일까요?

중앙은행이 목표로 하는 인플레이션 목표치인 2%에 대해 수학적이고 과학적인 근거는 없어요. 인플레이션을 2%로 맞추겠다고 대중에게 처음으로 공표한 기관은 뉴질랜드 중앙은행이에요. 1980년대 뉴질랜드는 인플레이션을 관리하는 데 어려움을 겪었어요. 1980년대 뉴질랜드는 15%의 인플레이션을 기록하면서 사회 혼란이 가중되었어요. 8,000원 했던 짜장면이 1년 만에 1만 원으로 상승했다고 상상해 보세요. 짜장면뿐만 아니라 사탕, 음료, 교통비 등 모든 비용이 15%씩 상승했어요. 가진 돈의 액수는 같은데 모든 가격이 올랐으니 얼마나 살기 힘들어졌을까요?

고삐 풀린 망아지처럼 날뛰던 인플레이션을 잡기 위해 뉴질랜드의 중앙은행은 인플레이션 목표를 0%~2% 사이로 설정하여 대중에게 발표하고 국민을 안심시켰어요. 1980년 이전 중앙은행들은 친절하게 인플레이션 목표를 국민에게 설명하지 않았어요.

뉴질랜드 중앙은행이 인플레이션 목표를 설정하고 대중에게 발표한 이유는?

뉴질랜드 중앙은행은 사람들의 심리를 효과적으로 이용하기 위해 인플레이션 목표를 설정하고 대중에게 설명했어요. 당근마켓에서 중고 상품을 구매해 본 적이 있나요? 운동화가 5만 원에 올라가 있다면 실제 거래 가격은 5만 원에서 크게 벗어날 수 없어요. 4만 5,000원에서 5만 원 사이에 거래되리라는 것을 예상할 수 있어요. 이러한 현상을 앵커링(Anchoring)이라고 해요. 앵커링이란 협상 테이블에서 처음 언급된 조건에 얽매여 크게 벗어나지 못하는 효과를 의미해요.

뉴질랜드 중앙은행은 인플레이션 목표인 2%를 가계와 기업에 각인시켰어요. 인플레이션이 2%가 넘어가면 중앙은행이 쓸 수 있는 2개의 도구를 적극적으로 사용하여 인플레이션을 관리하겠다는 것을 국민에게 친절하게 설명했어요. 이를 통해, 뉴질랜드 중앙은행은 일관성 있고 예상할 수 있는 통화 정책을 실행했고, 15%가 넘어갔던 인플레이션을 효과적으로 통제할 수 있었습니다.

1980년대 뉴질랜드 중앙은행이 2% 인플레이션 목표치를 제시하는 '물가안정목표제(Inflation Targeting)'를 도입하여 효과적으로 인플레이션을 관리한 것을 배워 많은 국가의 중앙은행은 인플레이션 목표를 세우기 시작했어요. 미국의 연방공개시장위원회가 2%의 인플레이션 목표를 정한 것은 비교적 최근의 일입니다. 2012년 연방공개시장위원회의 의장을 맡은 벤 버냉키(Ben S. Bernanke)가 시장과의 명확한 의사소통을 위해 2%의 인플레이션 목표를 발표했어요. 우리나라도 물가안정 목표제를 도입하여 통화정책을 운용하고 있어요. 한국은행은 인플레이션이 물가안정 목표인 2%에 근접하도록 통화정책을 운용하고 있어요.

골디락스와 2% 인플레이션

과학적 근거가 없음에도 수많은 나라가 인플레이션 목표를 2%로 하는 것은 우연의 일치일까요? 앞에서 설명한 '골디락스와 곰 세 마리' 이야기를 기억하시죠? 골디락스는 너무 뜨겁지도 차갑지 않은, 너무 크지도 작지도 않은, 너무 딱딱하지도 푹신하지도 않은 딱 정당한 상태를 나타내요. 인플레이션에 있어 2%는 너무 높지도 낮지도 않은 딱 적당한 골디락스 상태라고 볼 수 있어요. 즉, 경제가 2% 수준의 인플레이션을 기록하면 사람들은 물가에 크게 신경을 쓰지 않고 경제활동을 한다고 보는 것이죠. 2% 수준의 인플레이션이 안정적으로 유지될 때 사람들은 소비, 저축, 투자 등 경제활동에 대한 올바른 결정을 내릴 수 있기 때문에 경제가 가장 효율적으로 작동하는 수준의 인플레이션을 2%로 보고 있어요. 그럼 너무 높거나 낮은 인플레이션은 어떤 문제를 일으키는지 살펴볼게요.

너무 높은 인플레이션이 일으키는 문제!

앞에서 살펴봤듯이 높은 인플레이션은 소비자의 구매력을 약화해요. 구매력은 상품과 서비스를 살 수 있는 재력을 의미해요. 내가 가지고 있는 돈의 액수는 같은데 인플레이션이 높아지면 나의 실질 재력은 감소하겠죠?

또한, 높은 수치의 인플레이션은 더 높은 수치의 인플레이션의 원인이 됩니다. 예를 들어, 많은 사람이 인플레이션이 높다고 생각하면 노동자는 더 높은 임금을 요구하게 됩니다. 임금 상승으로 제품과 서비스를 공급하는 비용이 올라감에 따라 기업도 제품과 서비스의 가격을 올리게 됩니다. 이러한 과정을 거치면서 높은 인플레이션은 걷잡을 수 없이 더 높은 인플레이션을 초래해요. 우리가 앞에서 살펴본 아르헨티나와 같은 국가는 높은 인플레이션의 악순환에 빠져 현재 250%가 넘는 인플레이션으로 고통받고 있어요.

너무 낮은 인플레이션이 일으키는 문제!

인플레이션이 마이너스가 되면 어떻게 될까요? 물건과 서비스의 가격이 하락하면 같은 돈의 액수로 더 많은 것들을 살 수 있으니 우리에게 좋을까요? 물건과 서비스의 가격이 하락하는 현상을 디플레이션이라고 해요. 디플레이션은 임금 하락과 실업률 상승으로 이어질 수 있기 때문에 중앙은행이 가장 경계하고 무서워하는 현상이에요. 1929년 미국 대공황, 2008년 세계 금융위기 때 디플레이션이 얼마나 무서운지 매운맛을 봤어요. 디플레이션이 무서운 이유는 사람들이 물가가 낮아진다고 생각하면 소비하지 않고 소비를 미래로 미룬다는 점입니다. 소비가 감소하면 경제

침체는 더욱 심화되고, 디플레이션의 늪에 빠지게 됩니다. 디플레이션에 빠지게 되면, 중앙은행이 이자율을 0%에 가깝게 낮춰도 경제를 활성화하기 어렵게 됩니다. 경제 침체의 늪에 그대로 빠지게 되는 것이죠. 기업은 고용하지 않고 근로자는 일이 없어지고 가계는 소득이 낮아지니 소비를 못 하게 되면서 경제는 갈수록 침체합니다. 일본은 디플레이션의 늪에 빠져 30년 동안 경제가 정체되는 고통을 경험했어요.

인플레이션 2%는 모두가 동의하는 목표인가요?

실업률이 적당히 낮고, 인플레이션도 적당히 안정된 골디락스 상태를 유지하기 위해 미국 연방공개시장위원회와 한국은행은 인플레이션 목표 수치를 2%로 설정하고 통화정책을 운용하고 있어요. 하지만, 일부 경제학자들은 지난 10년 동안 목표 인플레이션을 너무 낮게 잡아 경제 성장을 저해했다고 주장하고 있어요. 특히 제이슨 퍼먼(Jason Furman)과 조셉 스티글리츠(Joseph Stiglitz)를 포함한 저명한 경제학자들은 인플레이션 목표를 2%로 한 통화정책 운용은 실물 경제에 큰 부담이 될 수 있다는 우려를 표명하고 있어요.

"미국 연방준비제도가 인플레이션을 2%까지 낮추기 위해 긴축적 통화정책을 고집한다면 고용 등 경제에 미치는 부담은 더욱 커진다. 2%가 아니라 3%로 목표를 조정해야 한다."

- 제이슨 퍼먼(Jason Furman), 미국 하버드대 교수

"물가 목표 2%는 완전한 횡포이고 2%까지 빠르게 도달하려는 과정은 가계와 기업엔 더더욱 심한 횡포다."

- 조셉 스티글리츠(Joseph Stiglitz), 미국 컬럼비아대 교수,
노벨경제학상 수상자

경기 부양보다는 물가 안정에 중심을 두고 있는 '목표 인플레이션 2%'를 둘러싼 논란이 있어요. 특히, 2022년 4월부터 2023년 12월까지 미국 연방공개시장위원회는 기준금리를 0.5%에서 5.5%까지 급격하게 올려 수많은 기업이 파산하며 파열음을 냈어요. 노벨경제학상 수상자인 폴 크루그먼(Paul Krugman)도 연방공개시장위원회가 2%의 인플레이션 목표에 집착하는 것에 대해 우려를 표명했어요. 2022년 11월, 크루그먼은 시장이 연방준비제도(Federal Reserve System, Fed)의 금리 인상 정책을 버티지 못하고 있다면서 연준이 속도 조절에 나서야 한다고 강조했어요. 크루그먼은 "연방준비제도의 고강도 긴축으로 시장 곳곳에서 침

체 징후가 나타나고 있으며 인플레이션이 진정되고 있는 만큼 금리 인상을 중단해야 한다"라고 주장하고 있어요.

경제 용어 풀이

인플레이션(Inflation) : 통화량이 증가하여 화폐 가치가 감소하며 재화와 서비스와 같은 물가가 상승하는 현상.

디플레이션(Deflation) : 인플레이션의 반대 개념으로 물가가 하락하는 현상.

재화(Goods) : 모양을 지니고 있어 우리가 눈으로 볼 수 있거나 만질 수 있는 물건을 의미함.

서비스(Services) : 생활의 편의와 삶의 질 향상을 위하여 만지거나 볼 수 없는 무형적인 형태가 제공되는 것을 의미함.

연방준비제도(Federal Reserve System) : 우리나라의 한국은행처럼 미국의 중앙은행 역할(통화정책 수립, 달러 발행)을 수행.

누가 경기침체를 결정하는가?

앞서 살펴본 바와 같이 인플레이션이 너무 높아져서 경기가 과열되면 중앙은행은 기준금리를 높이고, 경기가 지나치게 침체하면 기준금리를 낮춰서 경기를 부양한다는 것을 배웠어요. 중앙은행은 인플레이션 수치와 현재 경제가 어떤 상황인지 고려하여 기준금리를 정해요. 인플레이션은 2%라는 명확한 목표가 정해져 있지만 경기 침체는 귀에 걸면 귀걸이, 코에 걸면 코걸이처럼 원칙이 명확하지 않아요.

2022년 4월, 미국의 기준금리가 0.5%에서 2023년 말 5.5%까지 급격히 상승하자 많은 전문가는 "경기 침체가 우려되니 기준

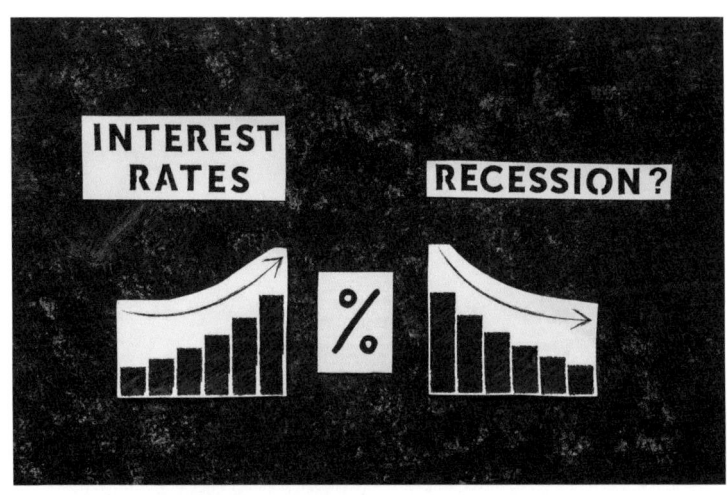

기준금리에 영향을 미치는 경기침체에 관한 판단

금리 상승을 멈춰야 한다"라고 주장했어요. 경기가 침체되면 돈을 빌려 투자하려는 기업과 개인은 감소하고, 경제는 악순환 빠지게 됩니다. 경제가 깊은 경기 침체에 빠지기 전에 중앙은행은 이자율 인하를 고려할 수밖에 없어요. 기준금리를 결정하는 데 중요한 역할을 하는 경기 침체, 도대체 누가 어떻게 결정할까요?

경기침체를 결정하는 사람들

국가 대부분은 경기 침체에 대한 판단을 전문가 집단(주로 경제학자)에 맡기고 있어요. 우리나라는 통계청의 국가통계위원회가 담당하고 있으며, 미국은 비영리 민간 연구소인 전미경제연구소(National Bureau of Economic Research, NBER)가 담당하고 있어요. 미국의 경기 침체를 결정하는 사람은 8인입니다. 전미경제연구소 산하 경기판단위원회(Business Cycle Dating Committee)에서 경제학자 8인은 논의를 통해 경기 침체를 판단합니다.

현재 경기판단 위원회의 8인은 아래와 같습니다.

- 로버트 홀(Robert Hall), 스탠퍼드 대학교 교수.
- 로버트 제이 고든(Robert J. Gordon), 노스웨스턴 대학교.
- 제임스 포테르바(James Poterba), 매사추세츠 공과 대학교.
- 발러리 레미(Valerie Ramey), 샌디에이고 캘리포니아 대학교.
- 크리스티나 로머(Christina Romer), 캘리포니아 버클리 대학교.
- 데이비드 로머(David Romer), 캘리포니아 버클리 대학교.
- 제임스 스톡(James Stock), 하버드 대학교.
- 마크 더블유 와슨(Mark W. Watson), 프린스턴 대학교.

경제에 매우 중요한 판단을 하는 위원회인 만큼 미국에서 가장 영향력 있는 경제학자들이 경기판단 위원회의 위원으로 선정된 것을 알 수 있어요.

경기침체는 어떻게 결정되나요?

전미경제연구소는 경기 침체를 '경기 전반에 걸쳐 퍼져 있고 몇 달 이상 지속되는 경제활동의 현저한 감소'로 정의합니다. 경기는 전반적인 경제활동의 상태를 뜻합니다. 경기에는 가장 높은 지점인 정점(Peak)과 가장 낮은 지점인 저점(Trough)이 있어요. 저점에서 정점으로 올라가는 상태를 '경기 확장'이라고 하며, 정점에서 저점으로 내려가는 상태를 '경기 침체'라고 합니다. 따라서, 경기 침체를 판단하기 위해서는 결국 경기의 정점이 언제인지 판단해야 합니다.

일반적인 경기 침체의 기준은 '실질 국민총생산(Gross Domestic Product, GDP)의 2분기 연속 하락'입니다. 그러나, 전미경제연구소는 이 기준으로 경기 침체를 판단하지 않아요. 국민총생산은 국가 내 일정 기간 생산한 재화와 서비스의 부가가치를 나타낸 것이기 때문에 국민총생산으로 경제의 모든 부분을 볼 수 없습니다. 따라서, 전미경제연구소는 아래 6개의 지표를 검토하여 경기 침체를 판단해요.

- 실질 개인소득(Real personal income)
- (농업 제외) 근로자의 급여(All employees, total nonfarm)

- 고용률(Employment level)
- 실질 제조 및 무역 판매(Real manufacturing and trade industries sales)
- 실질 개인 소비지출(Real personal consumption expenditures)
- 산업생산지수(Industrial production: total index)

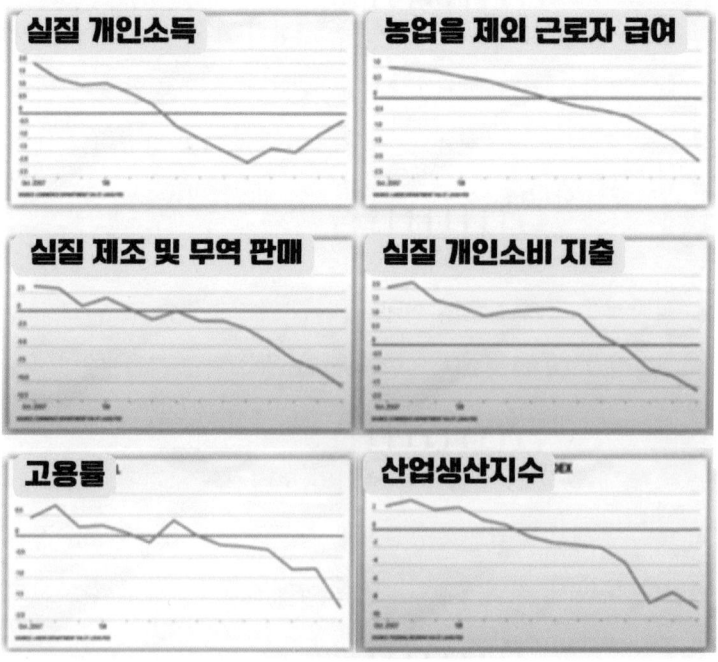

경기판단위원회에서 검토하는 6개의 지표

가장 분명한 경기 침체 신호는 실질 개인소득, 비농업 급여, 고용률, 실질 제조 및 무역 판매, 실질 개인 소비지출, 산업생산지수가 모두 한 방향으로 하락하는 것이에요. 하지만, 현실 세계에서는 6개의 지표가 서로 다른 움직임을 가지고 있어요. 예를 들어, 실질 개인소득과 비농업 급여는 증가하는데 고용률은 많이 감소하고 있다면 경기를 어떻게 평가해야 할까요? 경제는 복잡하고 상호 연결성이 높아서 경기 침체를 쉽게 판단할 수 없어요.

　　2008년 미국에서부터 일어난 세계 금융위기를 통해 경기 침체를 판단하는 것이 얼마나 어려운 일인지 살펴볼게요. 2024년 현재, 우리는 2008년에 무슨 일이 일어났는지 잘 알고 있으므로 2008년 중앙은행은 선제적으로 금리를 낮춰서 경기를 부양했어야 한다는 것을 알고 있어요. 하지만, 경기 침체를 결정하기 위해 6개 지표를 보고 그 당시 경제가 어떤 상황에 있는지 판단하는 것은 너무나 어려운 문제입니다. 모든 데이터가 한 방향을 향하고 있지 않기 때문에 미국에서 가장 뛰어난 경제학자 8인도 정확한 경기 침체 시기를 적시에 판단할 수 없어요.

　　또한, 경제 데이터를 정리하는 데 많은 시간이 소요됩니다. 경기판단 위원회의 8인은 과거의 경제 데이터를 보면서 현재의 경기 상태를 판단해야 합니다. 가장 뛰어난 경제학자가 머리를 맞대어 판단했음에도 불구하고 경기 판단을 제대로 하지 못하는 경우가 많습니다. 즉, 실물 경제에서 경기 침체가 이미 시작되고 오랜 시간이 흐른 뒤 경기 침체를 판단하는 소위 뒷북 치는 경우가 많아요. 경기판단 위원회는 금융시장, 고용시장, 소비시장, 생산시장 등을 종합적으로 검토하는 바람에 실물 경제에서 경기 침체가 발생한 지 6개월~1년 정도 흐른 뒤에 경기 침체를 뒤늦게 판단한다는 비판이 있어요.

누가 기준금리를 결정하나요?

미국의 기준금리는 총 12명으로 구성된 연방공개시장위원회(FOMC)가 결정해요.

- 연방준비제도 이사회의 7인
- 뉴욕 연방준비제도 은행 총재
- 지역 연방준비제도 은행 총재 4인

한국의 기준금리는 총 7명으로 구성된 한국은행의 최고 의사결정기구인 금융통화위원회가 결정해요.

- 한국은행 총재

- 한국은행 부총재
- 한국은행 추천
- 기획재정부 장관 추천
- 금융위원회 위원장 추천
- 대한회의소 회장 추천
- 전국은행연합회 회장 추천

　기준금리는 경제에 미치는 영향이 크기 때문에 다수의 전문가가 경제 상황을 심층적으로 분석하고 토론해서 결정돼요. 혼자 의사결정을 할 때 발생할 수 있는 오류를 방지하기 위해 최고의 전문가를 구성하여 위원회가 기준금리에 대한 의사결정을 합니다.

기준금리는 아무 때나 변경할 수 있나요?

기준금리는 연 8회 개최되는 '통화정책 방향 결정 회의'를 통해 정해집니다. 경제 여건이 급격히 변경되어 신속한 정책 대응이 필요할 때는 임시 회의를 개최하기도 합니다. 예를 들어 2020년 3월 16일, 코로나19 감염병 확산으로 금융통화위원회 임시 회의를 열어 기준금리를 0.5%P 인하하기도 했어요. 한국은행 홈페이지는 통화정책 방향 결정 회의 일정을 사전에 공개하고 있어요.

기준금리는 어떤 절차를 거쳐서 결정되나요?

기준금리는 '통화정책 방향 결정 회의'를 통해서 정해진다는 것을 배웠어요. 금융통화위원회를 구성하는 7명의 위원이 '통화정책 방향 결정 회의'에서 만나서 토론한 뒤 속전속결로 금리를 결정할까요? 경제에서 기준금리는 너무나 중요한 역할을 하므로 '통화정책 방향 결정 회의' 1주일 전부터 경제 상황을 점검하는 회의를 진행하고 '통화정책 방향 결정 회의' 1일 전에는 '동향 보고 회의'를 개최하여 국내외 금융 및 경제 상황에 대해 각 부서가 금융통화위원회에 보고하여 여러 이슈를 토론합니다. '통화정책 방향 결정 회의'에서 토론한 내용을 바탕으로 드디어 기준금리에 대해 결정을 하게 됩니다.

한국은행의 통화정책방향 결정회의

한국은행 홈페이지에서 통화정책·통화정책 방향·통화정책 방향 결정 회의를 차례로 클릭하면 통화정책 방향 결정 회의 때 논의된 내용을 알아볼 수 있어요. 가장 최근에 열린 2024년 1월 11일 회의 결정문을 보면 "금융통화위원회는 다음 통화정책 방향 결정 시까지 한국은행 기준금리를 현 수준(3.50%)에서 유지하여 통화정책을 운용하기로 하였음"

통화정책 방향 결정 회의 내용을 살펴볼 수 있는 한국은행 홈페이지

이라는 결론을 내린 것을 알 수 있고 그와 같은 결정을 한 배경과 이유를 찾아볼 수 있어요. 또한, 의사록 자료를 살펴보면 국내 최고의 전문가들이 분석한 ①경제 상황평가, ②외환·국제금융 동향, ③금융시장 동향 등을 살펴볼 수 있어요. 이슈별 분석 내용에는 민간 소비, 고용률, 금융 및 경제 이슈에 대한 리포트를 찾아볼 수 있어요. 연 8회 개최되는 통화정책 방향 결정 회의가 개최된 후 국내 최고의 전문가들이 작성한 경제 상황에 대한 심층적인 자료는 한국은행 홈페이지에서 찾아볼 수 있어요.

경제 용어 풀이

경기침체: 경기 순환의 여러 국면에서 경기가 하락하는 상태를 뜻하면 대체로 2분기 연속으로 국내총생산(GDP)이 마이너스일 때 경기침체라고 정의함.

기준금리: 한국은행의 금융기관 간 거래의 기준이 되는 금리를 의미함.

명목 국내총생산(Nominal Gross Domestic Product): 현재 측정 시점에서의 재화 및 서비스의 가격으로 계산된 GDP를 의미함.

실질 국내총생산(Real Gross Domestic Product): 사전에 정해진 기준시점에서의 재화 및 서비스의 불변가격으로 계산된 GDP를 의미함.

4장.
미래 사회와 경제

수많은 대학교가 폐교하는 이유는?

2022년 8월 교육부의 대통령 업무추진 보고 자료에 따르면 사립대학교 118개 중 74%인 85개의 사립대가 손실을 기록하며 운영되는 상황이에요. 우리나라에서 높은 비중을 차지하는 사립대학의 재원은 국가와 지방자치단체의 지원이 없으므로 등록금, 기부금, 국고보조금 등이 있는데 등록금이 학교 수입 중 가장 큰 비중을 차지해요. 2000년부터 대학에 등록하는 학생 수가 급감하면서 많은 학교는 적자가 지속되었고 현재 재무적으로 위기 상황에 처해 있어요. 사립대의 적자가 계속되면 폐교가 불가피해요. 사립대학이 폐교하고 있는 이유를 경제학의 중요한 개념인 ①비용-편익 분석과 ②수요-공급 곡선을 통해 설명해 볼게요.

빠른 속도로 폐교하고 있는 한국의 대학교

편익-비용 분석으로 본 대학 폐교의 원인

'가난한 지역을 부유하게 만드는 방법'에서 편익-비용 분석으로 사회기반시설에 대한 투자의사 결정을 할 수 있다는 것을 배워볼 것입니다. 사실 편익-비용 분석은 사회기반시설과 같이 거대한 프로젝트뿐만 아니라 개인이 의사결정을 할 때도 효과적으로 사용될 수 있어요. 편익-비용 분석을 통해 2024년의 학생들이 2000년대 학생들보다 대학 진학을 선호하지 않는 이유를 체계적으로 알아볼게요. 먼저, 비용에 대해 알아볼게요. 대학 진학과 관련된 비용은 등록금, 생활비, 대학 공부하기 위해 포기해야 하는 시간 등이 포함돼요. 대학 진학에 대한 2024년 학생들의 비용은 2000년대 학생들과 크게 차이가 나지 않아요. 과거와 크게 달라진 부분은 대학 진학의 편익이에요. 과거에는 4년제 대학 입학은 어느 정도 안정된 삶을 보장했어요. 대학 졸업 후 대기업에 취업하여 은퇴하기 전까지 많은 직장이 안정된 고용을 보장했어요. 그러나, 사회와 경제는 빠르게 변했어요. 더 이상 회사는 정년을 보장해 주지 않고 대학 졸업 후 취업은 과거보다 많이 어려워졌어요. 2000년 이후 전 세계적으로 인구는 일자리 수보다 2.4배 빠르게 증가했어요. 전 세계 대학 졸업자 수는 2000년 9천만 명에서 2013년 1억 5천만 명으로 증가했어요. 2030년까지 전 세계 대학 졸업자 수는 3억 명에 달할 것으로 예상됩니다.

'중국의 대학 졸업생이 '풀타임 어린이'가 되는 이유'에서는 훌륭한 대학 교육받았지만, 만족스러운 일자리를 얻지 못하는 중국 대학 졸업생을 살펴볼 것입니다. 사회가 빠르게 변화하면서 대학 교육을 통해 배울 수 있는 지식의 힘은 약해졌고, 시행착오를 통해 만들어지는 실용적인 지식의 힘이 세지면서 대학 졸업이 주는 편익은 과거 대비 현저히 줄어들었어요.

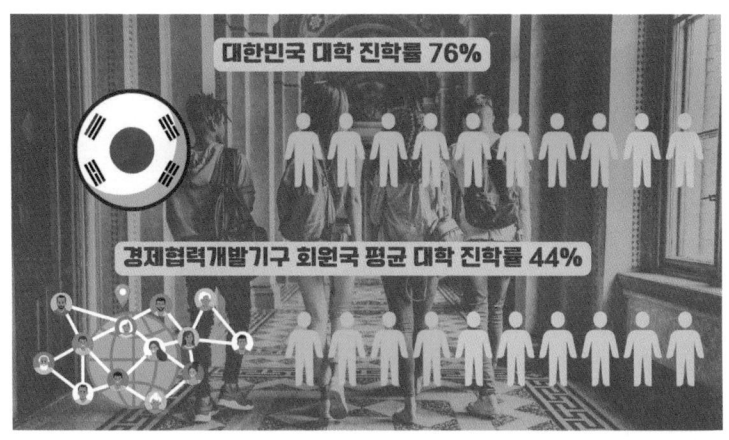

경제협력개발기구 회원국의 대학 진학률보다 월등히 높은 한국의 대학 진학률

대학이 주는 편익이 과거보다 현저히 낮아짐에도 불구하고 대한민국의 대학 진학률은 76.2%로 경제협력개발기구(OECD) 회원국 중 가장 높아요. 경제협력개발기구 회원국의 평균 대학 진학률은 44%로 우리나라보다 30%P 이상 낮아요. 대학 진학의 편익이 과거보다 감소한 것을 고려하면 대한민국의 대학 진학률도 향후 낮아질 것으로 예상됩니다.

수요-공급 곡선 분석을 통해 본 대학 폐교의 원인

대학 진학의 수요 곡선은 대학 진학의 비용에 대응한 수요량들을

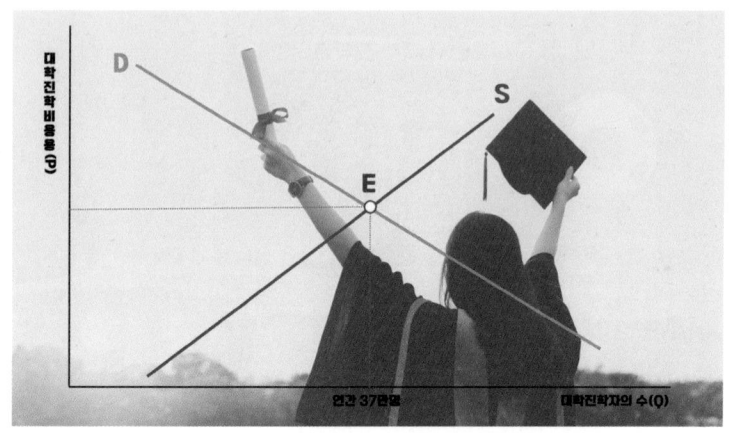

2024년 대학 진학의 수요-공급 곡선 그래프

표시한 것이에요. 대학 진학에 따른 비용이 많이 들면 높은 가격에 대응하는 수요량이 적을 것이고 비용이 낮으면 수요량은 많을 것이에요.

이를 보기 쉽게 위의 그림에서 D(수요를 나타내는 Demand의 약자)와 같이 나타낸 것을 수요 곡선이라고 해요. 대학 진학의 공급 곡선은 비용 수준에 대응하는 공급량들을 표시한 것이에요. 가격이 낮으면 낮은 가격에 대응하는 공급량이 적고 가격이 높으면 공급량이 많아요. 이를 위의 그림에서 S(공급을 나타내는 Supply

의 약자)와 같이 표시할 수 있어요. 대학에 진학하는 학생의 수는 수요 곡선과 공급 곡선이 만나는 지점인 E(균형점을 나타내는 Equilibrium의 약자)에서 결정됩니다.

수요-공급 곡선을 이해했으니 대학 진학의 수요 곡선에 영향을 미치는 요소를 알아볼게요. 앞에서 살펴본 대학 진학률 감소는 대학 진학 수요를 줄입니다. 대학 진학률보다 대학 진학 수요에 더 큰 영향을 미치는 것은 출산율 감소에 따른 학령인구 감소에요. 2023년 대입 가능 자원은 42만 명이고, 2024년 대입 가능 자원은 37만 명으로 많이 감소했어요. 통계청 장래인구추계에 따르면 학령인구 감소는 지속될 것이며 20년 후인 2044년 대입 가능 자원은 현재의 절반 수준인 23만 명이에요. 큰 변화가 없다면 20년 후 현재 존재하는 대학의 절반 이상이 폐교할 것으로 예상됩니다. 2021년 서울대 사회발전연구소와 한국보건사회연구원의 '인구 변동과 미래 전망'보고서도 비슷한 전망을 했어요. 2042~2046년 국내 대학 수는 190개로 2021년(385개)의 절반만 남는다고 발표했어요.

다음으로 대학교 공급에 대해 알아볼게요. 2000년부터 현재까지 대학의 공급은 많이 증가하지 않았어요. 2003년 337개

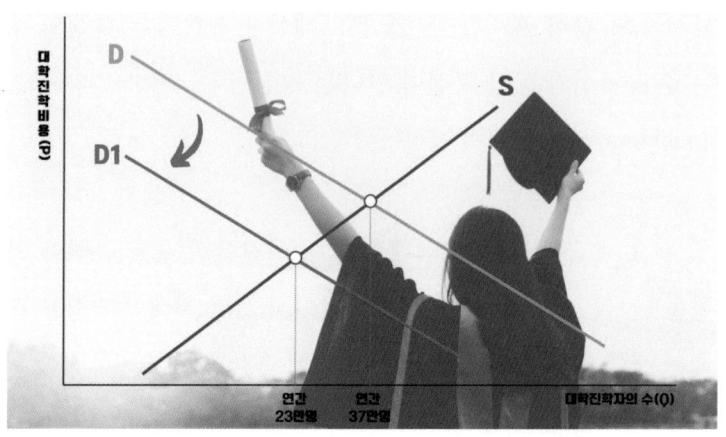

2024년과 2044년의 대학 진학의 수요-공급 곡선 그래프

의 대학에서 2023년 335개 대학으로 대학교의 수는 줄었으며, 2000년 이후 현재까지 19개 대학이 폐교했어요. 2024년 대비 2044년 대학 진학의 수요-공급 곡선이 어떻게 변화할 것으로 예측되는지 그래프를 그려볼게요.

위의 그림에 있는 D는 2024년 대학 진학의 수요 곡선을 나타내고 D1은 2044년의 대학 진학의 수요 곡선을 나타내요. 위의 그래프를 통해 학령인구와 대학 진학률이 감소하면서 수많은 대학이 폐교할 위험이 있다는 사실을 알 수 있어요.

학령인구가 감소한다는 것은 사실입니다.
그렇다고 대학교는 전혀 책임이 없을까요?

한국의 출산율은 0.78명으로 전 세계에서 가장 낮은 수준입니다. 전 세계에서 가장 빠른 속도로 학생 수가 줄어들기 때문에 많은 대학이 폐교 위험에 처해 있다는 주장을 할 만한 상황이에요. 이 주장을 제대로 검증하기 위해서 인구가 감소하고 있지 않는 나라의 대학 상황을 살펴볼게요.

미국의 출산율은 1.66명이며 해마다 인구의 0.3%의 이민자가 유입되는 세계 1위의 이민 유입국으로 인구 감소에 대한 우려가 없는 국가로 평가됩니다. 인구 감소가 대학 폐교의 주원인이라면 대부분의 미국 대학은 재정적으로 문제가 없어야 합니다.

이를 확인해 보기 위해 미국 대학의 현황을 살펴보겠습니다. 2016년 이후 미국에서 무려 91개의 비영리 사립대학이 문을 닫거나 다른 대학과 합병했습니다. 이에 따라 6만 명 이상의 학생이 영향을 받았습니다. 대학 폐교 91건 중 절반은 2020년 이후에 발생했으며 68%는 재정적으로 적자가 누적되어 폐교했습니다. 흥미로운 점은 미국 대학 폐교에 영향을 미쳤던 주요 원인은 인구 감소가 아닌 입학(대학 진학률) 감소입니다. 대학의 편익보다 비용이 많이 든다는 '대학 무용론'이 힘을 얻으면서 대학 입학 감소는 미국에서 꾸준히 증가했고 줄어든 학생 수는 대학의 재정을 악화시켰습니다.

또한 코로나 시기 재택 수업, 등록금 할인 등으로 인해 미국 대학의 재정은 급속도로 악화되었습니다. 코로나 기간 미국의 많은 대학은 연방 경기 부양 자금에 의존하여 겨우 생존하였으나 보조금 지급이 중단되자 많은 학교가 폐교되었어요.

일류 대학으로의 쏠림 현상이 두드러지는 미국의 대학교

2022년 하버드 대학의 합격률은 3.19%였으며 전년 대비 입학원서는 7% 상승했어요. 2022년 예일 대학의 합격률은 4.46%였으며 전년 대비 입학원서는 7% 상승을 기록했어요. 아이비리그 대학, 대형 주립대학 등 미국의 엘리트 대학은 매년 증가하는 지원자 수를 기록하고 있지만, 규모가 작고 명성이 낮은 대학은 학생 유치에 어려움을 겪고 있어요. 다시 말해, 미국에서도 일류 대학과 나머지 교육 기관 간의 격차는 커지고 있습니다. 장사가 되지 않아 폐점하는 떡볶이 가게가 망하는 원인으로 인구 감소를 탓하는 것은 생산적이지 않아요. 장사가 안되는 이유는 인구 감소 외에도 음식 맛, 서비스, 분위기 등 여러 요소가 있겠죠? 대학 교육에 대한 수요가 감소하는 것도 마찬가지입니다. 인구 감소는 단기적으로 변화를 줄 수 없는 현실입니다. 대학 교육의 개선이 없다면 앞으로 한국에 있는 수많은 대학은 폐교할 수밖에 없어요. 큰 변화와 개선이 없다면 2040년이면 4년제 사립대학 2개 중 1개의 대학은 사라질 것으로 예상됩니다.

대학의 폐교는 사회적 문제이기 때문에 추가 폐교를 방지하고 교육의 기회를 보장하기 위해 정부 개입 및 재정적 지원이 필요합니다. 그러나, 대학 위기의 근본적인 원인을 파악하는 것이 우선되어야 해요. 정부 지원금으로 대학이 운영되더라도 학교를 졸업한 학생들이 학교로부터 얻는 편익보다 비용이 클 경우, 공공의 재원이 사용됨에도 불구하고 사회적 손실은 더 커질 수 있어요.

일부 전문가는 한국 대학 위기의 근본적인 원인은 인구 감소가 아닌 대학 교육 방식이라고 말합니다. 세계적인 미래학자 앨빈 토플러는 다음과 같이 말했어요.

한국 교육의 문제점을 지적하는 미래학자, 앨빈 토플러

한국에서 가장 이해하기 어려운 것은 교육이 정반대로 가고 있다는 점이다. 한국 학생들은 하루 10시간 이상을 학교와 학원에서 자신들이 살아갈 미래에 필요하지 않을 지식과 존재하지도 않을 직업을 위해 시간을 허비하고 있다. 더 나쁜 것은 국가 발전의 가장 큰 장애요인인 평등화·획일화 교육을 하고 있다는 사실이다. 차기 한국의 대통령은 경제나 국가 안보보다 오히려 교육 개혁에 힘써야 할 것이다. 한국의 미래는 '교육'에 달려 있기 때문이다.

대학이 고민해야 하는 문제

사회는 빠르게 변하고 있는데 많은 한국의 대학 교육은 Chat GPT가 몇 초 안에 정리할 수 있는 수준의 정보를 주입식으로 암기시키고 있어요. 또한, 크게 의미 없는 시험 성적대로 학생을 '줄 세우기' 하고 있어요. 한국의 많은 대학은 학문 단위, 커리큘럼, 교육 방식이 정형화되어 있습니다. 대학 4년 동안 열심히 교육받아도 사회생활에 필요한] 역량을 갖추기 어려우며 변화된 사회 환경을 따라갈 수 없는 경우도 있어요. 줄 세우기식 평가를 위한 교육, 시험을 위한 공부에서 벗어나 미래에 필요한 지식과 직업이 무엇이고 그에 필요한 역량이 무엇인지 고민하는 것이 사회적으로 필요해요.

현재 한국의 많은 대학은 생존을 위해 대학이 가진 역량 중 우수한 것에 초점을 맞춰 특성화를 추진하고 있어요. 그러나, 이제 초점을 대학이 아닌 학생과 미래 사회에 맞춰야 합니다. 학생들이 필요한 교육은 무엇이고 미래에 어떤 것이 필요한지를 고려하여 선제적으로 투자하여 특성화 전략을 추진할 필요가 있습니다. 최근 일부 대학에서 박사 학위가 없지만, 현업에서 실무적인 지식을 가지고 있는 전문가와 교수님이 협업하여 강의하는 사례가 늘고 있습니다. 또한, 대학이 기업과 연계하여 커리큘럼을 만드는 사례도 많아지고 있어요.

많은 대학은 이제 위기의식을 갖고 새로운 변화를 모색하는 것으로 보입니다. 대학 교육은 큰 변화가 필요합니다. 어쩔 수 없는 원인인 인구 감소를 탓하기보다는 변화를 만들 수 있는 '대학 교육의 질'에 대해 치열하게 고민해야 합니다.

" 토론거리

대학 진학에 대한 편익-비용 분석을 작성하여 친구들과 논의해 보세요. 대학 진학에 대한 편익과 비용은 개인마다 다를 수 있어요. 각자 자신이 생각하는 대학 진학에 대한 편익과 비용을 생각하고 예상되는 편익을 산정해 보세요.

[편익-비용 분석 예시]

구분		예상되는 금전적 가치
편익 (A)	대학졸업에 따라 증가하는 미래 수입	5억 원
	직업적 성취 가능성	1억 원
	인적 네트워킹	5,000만 원
편익 합계(A)		6억 5, 0000만 원
비용 (B)	4년 대학 공부에 대한 시간(기회비용)	1억 2,000만 원
	등록금	5,000만 원
	교재	1,000만 원
	기숙사 및 생활비	1억 원
	기타	5,000만 원
비용 합계(B)		3억 3,000만 원
순 편익(A-B)		3억 2,000만 원

경제 용어 풀이

수요: 소비자가 특정 재화나 서비스를 구매하기 위한 의지와 욕구를 의미함.

공급: 생산자가 특정 재화나 서비스를 생산하고자 하는 의지와 욕구를 의미함.

출산율: 한 여자가 가임 기간(15~49세)에 낳을 것으로 기대되는 평균 출생아 수를 말함.

중국 대학 졸업생이
'풀타임 어린이'가 되는 이유는?

올해 중국에서 역사상 가장 많은 1,160만 명의 대학 졸업자가 배출되었어요. 너무 큰 숫자여서 실감이 나지 않죠? 우리나라의 인구는 2023년 12월 기준으로 5,132만 명이에요. 우리나라 인구의 20%에 해당하는 수많은 대학교 졸업생이 대학 졸업 후 직업을 찾고 있는데 질 좋은 일자리는 부족한 상황이에요.

중국의 대학교 졸업자는 20년 대비 무려 12배 증가했어요. 20년 전 중국 전체 인구의 4%가 대학 졸업자였으나 2023년 기준 약 17%의 인구가 대학 졸업자입니다. 중국의 대학 진학률은 2010년 27%에서 2020년 55%로 급격히 증가했어요.

매년 대한민국 인구의 20%에 해당하는 대학교 졸업생이 배출되는 중국

중국에서 대학 졸업자 수가 급격히 증가한 원인은?

중국에서 대학 졸업자 수가 크게 증가한 원인으로 한 자녀 정책과 높아진 소득 수준을 꼽을 수 있어요. 한 자녀 정책은 중국 정부가 1978년~2013년까지 약 30년 동안 한 가족이 자녀를 한 명만 낳도록 규제한 정책으로, 인구가 증가함에 따라 경제 발전에 미칠 악영향을 우려하여 강력하게 추진되었어요. 1명 이상의 자녀를 낳으면 엄청난 벌금을 내거나 감옥에 보내졌어요. 한 자녀 정책과 대학 졸업자 증가는 어떤 관련이 있을까요?

한 가족이 쓸 수 있는 경제적인 자원은 한정되어 있어요. 부모님이 벌어들이는 수입이 200만 원이라면 그 돈을 가족들이 필요한 곳에 사용해요. 자녀가 5명 있을 때 아이를 전부 대학에 보낼 수 있을까요? 아무리 돈을 아껴서 사용한다고 해도 200만 원이라는 제약 사항이 있으므로 5명의 자녀를 모두 대학까지 공부시키는 것은 어려운 일이겠죠? 하지만, 아이가 1명이면 어떨까요? 5명의 자녀가 사용했던 경제적 자원을 1명이 사용할 수 있기 때문에 일반적인 가정도 자녀를 대학까지 공부시킬 수 있게 됩니다.

소득 수준과 대학 졸업자 수의 관계도 이와 같은 맥락에서 생각해 보면 이해가 됩니다. 부모님이 벌어들이는 수입이 200만 원에서 400만 원으로 증가하면 경제적 여유가 생기고 자녀가 대학에 갈 가능성은 더 커지겠죠? 재정적 여유가 생긴 만큼 부모님은 자녀의 미래를 위해 교육비 지출을 늘리고 자녀가 대학에 갈 확률은 증가합니다.

대학 졸업자의 증가는 사회·경제적으로 좋은 일 아닌가요?

네! 맞아요. 더 많은 사람이 고등교육을 받는 것은 사회의 인적 자

대학 졸업식 때 직장을 찾지 못해 좌절하는 마음을 표현하는 중국 졸업생

본과 생산성을 증가시키기 때문에 장기적으로 사회·경제적으로 바람직한 현상이에요. 하지만, 현재 중국은 대학 졸업자가 너무 빠르게 증가했고 좋은 일자리는 턱없이 부족한 상황이에요. 대학교 졸업식은 초등학교에서부터 대학교까지 이어진 오랜 학교생활을 마치고 사회로 나오게 되는 기념적인 날로 가족과 친구들 모두가 졸업생을 축하해 주는 것이 우리가 아는 일반적인 대학 졸업식인데, 2023년 중국에 있는 대학교의 졸업식은 우리가 생각하는 졸업식과 분위기가 아주 달라요. 꽃을 들고 학사모를 던지는 사진이 아니라 좀비 흉내 또는 바닥에 납작 누워있는 사진이 졸업식 사진으로 소셜 네트워킹 사이트에 올라옵니다.

중국 대학의 졸업생들은 왜 기쁜 날에 이상한 사진을 올릴까요?

2023년 6월, 중국의 청년 실업률은 전례 없이 높은 수준인 21.3%에 도달했어요. 현재 중국에서는 5명 중 1명의 졸업생은 직장을 찾지 못하고 있는 상황이에요. 중국의 청년 실업률은 올해 6개월 연속으로 상승해서 역대 최대 수준을 기록했고, 중국 정부는 2023년 7월부터 청년 실업률 통계를 더 이상 발표하고 있지 않아요. 현재 중국의 청년 실업률이 얼마나 더 높아졌을지조차 파악할 수 없죠. 행복해야 마땅한 졸업식에 섬뜩한 사진을 올리는 중국 대학 졸업생의 마음을 잘 나타내는 단어는 '넙죽 엎드려있기'입니다. 현재 중국의 대학 졸업생은 부모 세대처럼 다람쥐 쳇바퀴 돌 듯 고생하며 미래를 위해 사는 것을 원하지 않습니다. 한 자녀 정책으로 인해 현재의 중국 대학생은 부모 세대처럼 힘든 상황을 참고 이겨내는 헝그리 정신과 경험이 부족해요. 중국에서는 요즘 청년층을 '소황제' 세대라고 불러요. '소황제'는 가정에서 독자로 태어나 마치 황제처럼 응석을 부리며 자란 세대를 의미해요. 많은 '소황제'는 힘든 현실을 이겨내기보다는 방구석에서 쉬면서 한가롭고 걱정 없이 살길 원해요. 실제로 일부 졸업생은 직업 찾기를 포기하고 '풀타임 어린이'로 살아가고 있어요.

대학 졸업생이 '풀타임 어린이'라고요?

20대 중반의 대학 졸업자가 부모님의 집으로 돌아와 다시 어린이가 된다는 것이 이해가 되지 않죠? '풀타임 어린이'는 중국 청년들의 팍팍한 현실과 어려운 경제를 잘 보여주는 현상이에요. '풀타임 어린이'란 부모님 집에서 설거지, 청소, 심부름 등을 하며 부모에게 얹혀사는 청년을 의미해요. 중국에서 '풀타임 어린이'로 생활하는 청년은 소셜 네트워킹 사이트인 틱톡에 "엄마, 누가 나보다 우리 집안일을 잘하겠어?"라는 글과 영상을 올립니다. 대학을 졸업하고 다시 집으로 돌아간 중국 청년의 현실이 안타깝지만, 부모님의 집에서 유유자적하는 '풀타임 어린이', 현실을 회피하는 '바닥에 납작 누워있기'로는 근본적인 문제를 해결할 수 없어요. 심각한 청년 실업 문제를 해결하기 위해 지방 정부는 국영기업을 압박하여 대학 졸업생 고용을 독려하고 있지만 국영 기업과 공공의 일자리는 제한적이에요. 근무 여건이 좋지 않은 공장과 중소기업의 일자리는 있지만 대학 졸업생의 눈높이에 맞지 않아요. 중국 민영기업은 중국 도시 취업자의 80%를 차지하고 있어 청년 취업률 감소에 가장 중요한 역할을 해요. 그러나, 민영기업으로의 취직은 쉽지 않은 상황이에요. IT, 부동산, 교육 업계는 대학 졸업자를 채용하는 대표적인 산업이었으나 2020년 코로나

소셜네트워킹 사이트에 근황을 올린 풀타임 어린이들

바이러스 발생 이후 중국 정부의 규제가 강화되면서 일자리 10만 개가 감소했어요. 온라인 채용 플랫폼 자오핀(Zhaopin)의 설문조사에 따르면 2023년 졸업생 4명 중 1명은 기술 분야에서 일하길 원하지만, 텐센트, 알리바바 등 중국의 대표 IT 기업은 정부 규제 강화와 경기 침체를 이유로 대대적인 감원을 진행했어요. 특히, 알리바바는 반독점 단속의 표적이 되어 경영 성과가 나빠졌고 2022년 1만 명이 넘는 직원을 해고했어요. 해고당해 다시 취업시장으로 나온 청년들의 재취업은 하늘의 별 따기만큼 어렵기 때문에 청년층은 졸업 연기, 대학원 진학, '풀타임 어린이' 등을 통해 취업의 어려움을 피하고 있어요. 중국 경제가 회복되지 않는 한 중국 청년 실업률은 계속해서 높은 상태를 유지할 것입니다.

중국의 청년 실업률만 유독 심각한 이유는?

코로나바이러스는 중국에서만 발생한 것이 아니라 전 세계적으로 유행했어요. 한국, 일본, 미국의 청년 실업률은 코로나바이러스가 종식되고 제자리를 찾았는데 왜 중국의 청년 실업률은 유독 높은 수치를 기록할까요? 중국 경제가 다른 나라보다 취약하고 구조적으로 문제가 있어서 다른 나라보다 회복이 느린 걸까요?

2000년대부터 2020년까지 중국은 높은 경제 성장률을 바탕으로 청년 실업률을 10% 내외로 유지했어요. 2008년 미국에서 시작된 세계 금융위기가 일어났을 때도 중국은 높은 경제 성장률과 낮은 실업률을 유지하며 위기에 빠진 세계 경제를 빠르게 회복시키는 데 큰 역할을 했어요. 하지만, 2020년 발생한 코로나바이러스는 중국 경제 성장에 제동을 걸었고 중국의 청년 실업률은 크게 증가했어요. 코로나바이러스로 인해 전 세계의 실업률은 크게 증가했지만, 시간이 지나면서 높아진 실업률은 제자리를 찾아갔어요.

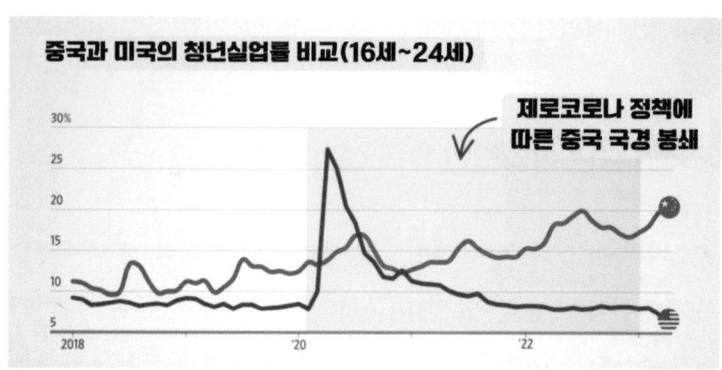

중국과 미국의 청년 실업률 비교(2018년~2023년)

2020년~2023년까지 중국과 미국의 청년 실업률을 비교해 보면 현재 중국의 청년 실업률이 얼마나 심각한지 실감할 수 있어요.

코로나바이러스가 대유행한 2020년 1분기로 가볼게요. 미국은 대다수의 아시아에 있는 국가보다 고용 유연성이 높아요. 고용 유연성이 높다는 것은 고용주가 근로자를 쉽게 해고할 수 있으며 근로자는 새로운 직업을 쉽게 찾을 수 있다는 것을 의미해요. 코로나바이러스가 전 세계적으로 유행하자 경제활동은 멈추게 되었고 고용 유연성이 높은 미국의 고용주는 수많은 근로자를 해고해 2020년 1분기 미국의 청년 실업률은 27%까지 올라가요. 4명 중 1명의 청년이 일하고 싶어도 직업을 찾을 수 없을 정도로 높은 실업률이에요. 미국은 고용 유연성이 높고 강력한 코로나 규제 정책을 추진하지 않았기 때문에 코로나 발생 1년 후인 2021년 청년 실업률은 10% 수준으로 낮아졌고 2023년에는 7% 대로 제자리를 찾았어요. 반면, 중국 정부는 2020년부터 2023년까지 제로 코비드 정책을 유지하면서 자국 내 고강도 규제를 시행했고 대외적으로는 국경을 닫아버렸어요. 중국의 제로 코비드 정책은 역사적으로 사례를 찾아볼 수 없는 경제적 실험이에요.

중국 정부는 코로나바이러스를 완벽히 통제하기 위해 흰색 방호복을 입은 군인들을 도시에 배치하여 코로나 환자를 색출했어요. 이 시간 동안 중국인은 해외여행은 꿈도 꾸지 못했고 외출에도 많은 제약이 있었어요. 제로 코비드 정책으로 중국의 생산 공급망은 마비되었고, 중국으로 들어오는 해외 관광객 수는 급감했으며 소비는 둔화하였어요. 3년간 지속된 제로 코비드 정책으로 중국 경제는 침체에 빠졌고 2023년 1월 중국 정부는 다급히 세계에서 가장 엄격했던 제로 코비드 규제를 철폐했어요. 중국의 제로 코비드 정책 폐기와 경제 재개방은 중국 경제 회복의 마중물이 될 것으로 기대되었으나 외국인 투자 급감, 자국민 자본 유출, 부동산 개발업체 파산 등 다양한 구조적 문제가 복합적으로 발생하여 중국 경제 회복의 발목을 잡고 있어요.

높은 청년 실업률이 중국에 미치는 영향은?

높은 청년 실업률은 중국이 가지고 있는 구조적 문제를 더욱 악화시켜요. 직업이 없으면 안정적인 수입을 만들기 어렵고 결국 부모님에게 손을 벌리게 되겠죠? 다수의 중국 청년들도 본인이 원해서 '풀타임 어린이'를 하는 건 아니에요. 생활비가 부족하고 거주할 곳이 없으니 부모님 집으로 들어가는 거겠죠?

부모님으로부터 경제적 독립을 못 하는 상황에서 결혼하여 자신의 가정을 가질 수 있을까요? 다수의 중국 청년들은 안정된 직업과 집이 마련될 때까지 결혼을 미루고 있어요. 많은 신혼부부도 경제적 불안정성 때문에 아이를 원하지 않거나 출산을 연기하고 있어요. 높은 청년 실업률은 중국의 인구 통계 상황을 악화시킬 것으로 예상돼요. 2022년 중국의 출생아 수는 956만 명으로 건국 이후 처음으로 1,000만 명 아래로 떨어졌어요. 신생아수는 5년 만에 40%나 줄었어요. 저출산은 노동력 부족, 소비자수요 감소, 사회 복지 시스템의 재정적 부담 증가로 이어져 경제와 사회에 부담이 되고 국가의 전반적인 안정과 발전에도 부정적인 영향을 줍니다. 중국의 청년 실업률이 언제쯤 낮아지고 안정화될지 관심을 두고 지켜볼까요?

"토론거리

대학 졸업 후 계획한 대로 취업이 되지 않을 때 어떻게 하는 것이 좋을까요?
'풀타임 어린이'에 대해서 어떻게 생각하나요?

경제 용어 풀이

한 자녀 정책: 한 아이만 낳을 수 있도록 제한한 중국의 인구 제한 정책.

청년 실업률: 15세~29세에 해당하는 청년층의 경제활동인구 중 실업자의 비율을 나타냄.

경제활동인구: 만 15세 이상 인구 중 조사기간 동안 재화나 용역을 생산하기 위해 노동을 제공할 의사와 능력이 있는 사람을 나타냄.

인공지능이 나의 일자리를 빼앗아 갈까요?

회계법인, 자산운용사, 증권사 등 소위 고소득층의 사람들과의 저녁 식사 자리에서 인공지능에 대해 이야기 했어요. "ChatGPT 가 너무 신기하다"로 가볍게 시작한 대화는 "우리의 일자리가 없어질지도 모른다"라는 심각한 대화로 끝났어요. ChatGPT가 출시된 후 일자리 감소에 대한 우려가 커지고 있어요.

전문직이 ChatGPT를 두려워하는 이유는?

오픈AI는 ChatGPT를 2022년 11월에 공개했어요. ChatGPT는 1주일도 안 되어 백만 명이 넘는 사용자를 모았고, 출시 2달 만에 월간 활성 사용자 수 1억 명을 넘었어요. ChatGPT는 인스타그램, 틱톡을 뛰어넘는 역사상 전례 없는 수준의 성장률을 기록했어요. ChatGPT는 Chat(대화)과 GPT(Generative Pre-trained Transformer)의 합성어입니다. GPT는 사용자가 친구한테 채팅하듯이 텍스트를 입력하면 이를 바탕으로 딥 러닝(Deep Learning)을 사용해 인간과 유사한 대화형 언어를 생성할 수 있어요.

ChatGPT 전에 존재했던 챗봇(Chatbot)은 오래전부터 사용됐어요. 챗봇 대부분은 고객 질문에 답하는 것과 같은 간단한 작업을 수행했어요. 지난 수십 년 동안 대부분의 AI는 기존 데이터를 분석하여 데이터의 불일치를 찾아내고, 패턴을 감지하는 제한된 역할을 했어요. 기존의 ChatGPT는 챗봇과 다르게 대량의 데이터를 학습하여 인간의 영역이라고 할 수 있는 창작의 영역까지 넘보고 있어요. 오픈AI는 어떤 데이터를 사용하여 훈련하지는 공개하지 않지만, 위키피디아, 책, 구글 등 대량의 데이터를 학습한다는 것을 추정할 수 있어요. 현재 ChatGPT는 소설, 보고서, 논문, 유튜브 대사 등 여러 방면에서 뛰어난 창작 능력을 보유하고 있어요. CNBC와 인터뷰한 언어학자인 나오미 바론(Naomi Baron) 교수는 ChatGPT의 작문 능력을 이렇게 평가했어요.

"문법, 문체, 구두점, 철자법 등 언어학을 가르치는 사람으로서 인상적인 것은 ChatGPT의 작문 능력입니다. 저는 지난 수십 년 동안 학생들이 작성한 글을 평가했어요. ChatGPT의 작문 실력은 제가 가르친 학생 대부분보다 뛰어납니다."

언어학자가 ChatGPT의 작문 능력을 이렇게 높게 평가한다는 사실이 놀랍습니다. 2023년 하반기에 출시된 Chat GPT 4.0 버전은 Chat GPT 3.5보다 SAT에서 150점 더 높은 점수를 받았어요. 아래 그래프를 보면 수학을 제외한 시험 대부분에서 ChatGPT는 대단히 좋은 성적을 기록한 것을 알 수 있어요.

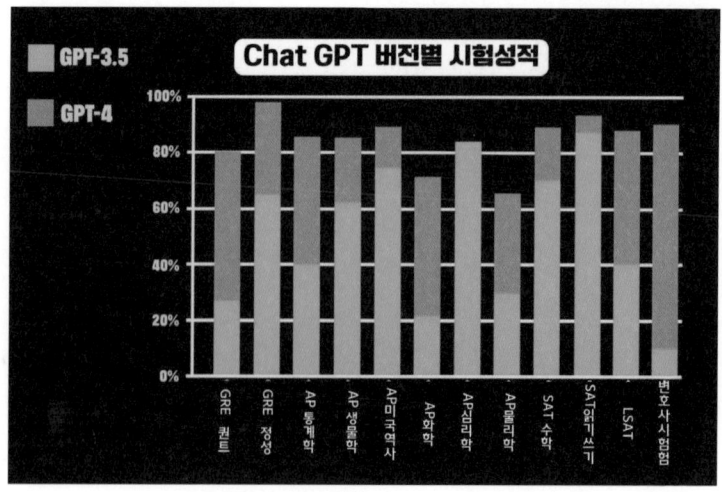

ChatGPT의 버전별 시험성적 비교

기술의 발전에 대한 두려움

역사적으로 혁신적인 기술이 개발되었을 때마다 일자리 감소에 대한 우려와 기술 저항이 있었어요. 제임스 하그리브스(James Hargreaves)가 1764년 발명한 제니 방적기(Spinning Jenny)는 방추가 여러 개인 방적 틀이에요. 노동자 한 명이 방적기 8개 이상의 방추를 돌릴 수 있게 되면서 일의 양을 획기적으로 줄일 수 있었어요. 하지만, 섬유 노동자들은 일자리 감소와 임금 감소가 우려되어 기술도입을 적극적으로 저항했어요.

1811년부터 1816년까지 영국에서 일어난 러다이트(Luddities) 운동은 섬유 기계를 파괴한 급진파부터 시작되어 지역적 폭동까지 일으켰어요. 영국의 섬유 노동자들은 자동화된 방적기와 같은 기계의 도입으로 실업이 발생하고 근로자의 임금이 낮아질 것을 두려워하여 기계를 파괴하고 기술도입을 방해했어요. 현재 러다이트는 신기술에 반대하는 사람을 의미하기도 해요. 영국은 산업화의 기반이 되는 기술을 개발하였지만 제니 방적기 반대, 러다이트 운동 등으로 인해 기술을 적극적으로 도입하지 못해 산업화의 주도권을 독일에 내어주게 되었어요.

20세기 초 자동차가 보급되면서 마차 운전사, 대장장이, 마구간 노동자들 사이에 자신들의 직업이 쓸모없게 될 것이라는 두려움이 생겨 자동차 도입에 저항했어요. 20세기 중반 헨드 포드(Henry Ford)가 자동화 생산 시스템을 도입할 때 공장에서 일하는 노동자들은

19세기 영국 섬유 노동자들의 비밀서약 기반으로 섬유 기계를 파괴하는 급진파를 형성한 러다이트.

두려움에 떨었어요. 노동자들은 자동화 기계가 인간 노동을 대체하여 직업을 잃을 것을 걱정했어요. 20세기 중반에는 컴퓨터와 사무자동화 기술이 발달하면서 행정 업무의 자동화가 늘어나는 것에 대한 사무직원들의 두려움이 있었어요.

ChatGPT는 어떻게 인간의 일자리를 대체할까요?

일부 전문가들은 ChatGPT와 같은 인공지능 기술은 과거의 신기술과 다르다고 합니다. 생성형 인공지능(Generative AI)은 전문가의 일자리를 대체할 것이며 노동의 종말을 가져올 것이라는 비관적 예측이 있습니다. 그러나, 역사의 큰 흐름으로 보면 혁신적인 기술이 일자리를 줄인다는 예측은 매번 빗나갔어요.

새로운 기술로 전환하는 과정에서 일시적인 혼란은 있었지만, 기술의 발전으로 사라지는 일자리 수보다 창조되는 일자리 수가 더 많았습니다.

- 농민은 새로운 환경에 적응하여 공장에서 신규 일자리를 찾음.
- 공장 노동자는 새로운 환경에 적응하여 사무실에서 신규 일자리를 찾음.
- 사무직은 새로운 환경에 적응하여 전문직 및 특화 업종에서 신규 일자리를 찾음.

인공지능 기술이 혁신적인 것은 부정할 수 없는 사실이지만, Generative AI가 전문가의 일자리를 완벽히 대체하고 인간 노동의 종말을 가져올 것으로 생각하지 않습니다. 인공지능 기술 발전에 따라 단기적으로 많은 직업이 사라지겠지만 장기적으로 더 많은 일자리가 창출될 것입니다. AI 만능주의 및 허무주의에 빠진 사람들은 인공지능이 모든 것을 이해하고 답을 줄 것이니 외국어를 배울 필요도 없고 학습할 필요도 없다고 생각합니다. 저는 향후 인공지능 만능주의 및 허무주의에 빠진 사람과 배움의 노력을 멈추지 않는 사람의 생산성 격차는 더 커질 것으로 생각합니다. 인공지능 기술을 적절히 활용하여 자기 생각을 표현할 수 있는 사람의 생산성은 더욱 높아질 것이기 때문에 인공지능 만능주의 및 허무주의에 빠지지 않도록 경계해야 합니다.

ChatGPT가 생산성에 미치는 영향은?

MIT 박사 과정에 있는 쉐크 노이(Shakked Noey)와 휘트니 장(Whitney Zhang)은 ChatGPT가 인간의 생산성에 어떤 영향을 주는지를 실험했어요. ChatGPT가 인간의 생산성에 어떤 영향을 주는지 알아보기 위해 2개의 그룹(A 그룹, B 그룹)으로 실험 참가자를 무작위(Random)로 나눴어요.

무작위로 A 그룹에 포함된 학생들은 ChatGPT에 대한 교육을 받지 않고 과제를 수행했고, B 그룹에 포함된 학생들은 ChatGPT의 효과적인 사용법에 대한 교육을 받고 과제를 수행했어요. 어떤 그룹이 과제를 더 빨리 끝냈을까요? 어떤 그룹의 과제 평가가 더 좋았을까요?

이 실험에 수백 명의 학생이 참여했어요. ChatGPT 교육을 제외하고 A 그룹과 B 그룹은 통계적으로 크게 다르지 않다고 볼 수 있어요. 무작위로 그룹을 나눴기 때문에 A 그룹에 비해 B 그룹에 공부를 잘하는 사람이 더 많이 포함되었다고 볼 수 없죠. A 그룹과 B 그룹이 통계적으로 의미 있는 차이는 ChatGPT 교육 유무입니다. 이 연구 결과를 통해 ChatGPT가 인간의 생산성에 어떤 영향을 주는지 알 수 있어요. 연구 결과에 따르면, B 그룹은 A 그룹 대비 일하는 시간을 37% 단축하면서도 A 그룹보다 더 우수한 과제 평가 점수를 받았어요.

A 그룹: ChatGPT에 대한 교육을 받지 않고 과제 수행 (Without ChatGPT)

B 그룹: ChatGPT에 대한 교육을 받고 과제 수행(With ChatGPT)

ChatGPT는 학생들이 특정 과제를 수행하는 데 필요한 배경

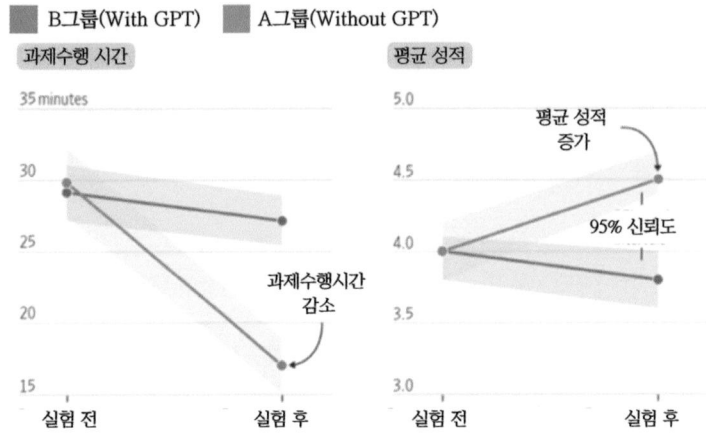

A 그룹과 B 그룹의 과제수행 시간과 평균 성적

지식을 효과적으로 습득하게 하여 더 짧은 시간에 더 우수한 성
과물을 만들어 낼 수 있게 한다는 것을 알 수 있어요.

인공지능은 어떤 직업에 가장 큰 영향을 줄까요?

인공지능은 장기적으로 더 많은 직업을 만들어낼 것으로 기대되
지만 단기적으로는 많은 직업을 대체할 것이에요. 신기술은 언제
나 새로운 승자와 패자를 만들어내요. 향후 인공지능이 쉽게 대
체할 것으로 예상되는 직업을 선택하는 것은 자신의 미래를 위험

하게 만들 수 있어요.

오픈AI와 펜실베이니아 대학은 인공지능 기술 발전에 따라 어떤 직업이 가장 큰 영향을 받을지에 관한 연구를 수행했어요. 연구 결과, 육체노동의 비중이 큰 식당 청소, 정비사, 요리사와 같은 직업은 인공지능 기술 발전에 크게 영향을 받지 않는 것으로 조사되었어요. AI 기술 발전에 가장 취약한 직업은 통역사, 의사, 변호사 등 정신적 노동 비중이 큰 전문직이었어요. 한국은행이 연구한 'AI와 노동시장 변화' 리포트도 유사한 결과를 발표했어요. 의사, 회계사, 자산운용가, 변호사 등 전문직 직업이 인공지능에 의해 대체될 가능성이 크다고 예상했어요. 이러한 전문직 직업은 향후 고용이 줄고 임금 상승률이 낮아질 가능성이 큽니다. 인공지능이 비반복적이며 인지적 업무를 대체하는 데 활용될 수 있기 때문에 고학력·고소득 일자리의 대체 위험이 큰 것으로 분석돼요. 반면에 성직자, 대학교수, 가수, 경호원 등은 인공지능으로 대체될 가능성이 가장 낮은 직업에 속했어요. 이들 직업의 공통점은 대면 접촉이나 관계 형성이 필수적이라는 점이에요.

경제 용어 풀이

러다이트(Luddities) : 18세기 산업혁명 때 영국에서 벌어진 기계 파괴 운동을 지칭함.

인공지능(Artificial Intelligent, AI) : 컴퓨터에서 음성 및 작성된 언어를 보고 이해하고 번역하고 데이터를 분석하고 추천하는 기능을 포함하여 다양한 고급 기능을 수행할 수 있는 일련의 기술을 뜻함.

ChatGPT : 오픈AI가 개발한 대형 언어 모델 챗봇을 뜻하며 인간과 대화하는 것과 같은 반응을 제공하는 능력을 갖추고 있음.

Generative AI : 독창적인 콘텐츠를 생성할 수 있는 컴퓨터 모델을 중심으로 하는 인공지능의 한 분야임.

가난한 지역을
부유한 지역으로 만드는 방법

우리나라 인구 중 절반 이상이 수도권에서 거주하고 있어요. 2022년 인구주택 총조사 결과에 따르면 우리나라 총인구는 5,169만 명이며, 이 가운데 수도권에 사는 인구는 2,612만 명으로, 전체 인구의 50.5%를 차지하고 있어요. 수도권 인구 집중은 최근에 발생한 문제가 아닙니다. 1970년대 중반부터 수도권 인구 집중이 사회적 문제로 대두되면서 다양한 정책들이 추진되었음에도 수도권으로의 집중은 시간이 갈수록 심화되었어요.

현재, 지방의 인구는 지속해서 감소하여 많은 지역의 소멸이 우려됩니다. 사는 지역에 따라 삶의 질과 미래의 사회경제적인

50년 이상 지속되고 있는 대한민국의 지역 불평등 문제

지위가 결정되는 지역 불평등이라는 악순환을 끊지 않으면 수도권 쏠림과 지방 소멸을 막을 수 없어요. 2021년 경제·인문사회 연구회에서 1,000명을 대상으로 벌인 설문조사에 따르면 전체 응답자의 83.6%가 균형 발전 정책이 필요하다고 답변했어요. 국민 대다수가 해결해야 한다고 생각하지만 50년 이상 지속되고 있는 지역 불평등의 문제를 어떻게 해결할 수 있을까요?

수도권으로 인구가 몰리는 이유는?

거주의 자유가 보장되는 대한민국 국민은 자유롭게 거주지를 선택하고 이전할 수 있습니다. 많은 사람이 수도권으로 이동하는 이유는 수도권이 다른 지역보다 많은 자원과 기회를 주기 때문이겠죠. 수도권 거주를 선호하는 이유로 ①일자리, ②사회적 인프라, ③자산 가치 상승 기회를 꼽을 수 있어요. 지방에서 대학을 졸업한 청년에게 일자리는 현실적인 문제입니다. 국내 취업포털 사이트인 잡코리아에 따르면 신입 또는 경력 3년 이하 직원을 뽑는 채용공고 중 80%가 수도권을 차지해요. 졸업한 지역 내 취업할 만한 직장이 없으므로 수도권으로 취업의 눈을 돌릴 수밖에 없어요. 2022년 한국개발연구원이 발표한 '청년층의 지역 선택을 고려한 지방 소멸 대응 방향' 보고서에 따르면 수도권 고교 졸업자가 비수도권 4년제 대학에 진학할 경우, 졸업자 중 88%가 현지에 정착하지 않고 수도권으로 돌아간다고 발표했어요.

두 번째 이유는 효율적 경제활동을 할 수 있게 하는 수도권의 사회적 인프라입니다. 많은 사람이 사는 수도권은 서로가 서로에게 배울 수 있는 기회를 제공해 줍니다. 《경제학 콘서트》의 저자 팀 하포드(Tim Harford)는 "성공적인 도시는 사람들이 서로에게서 뭔가를 배울 수 있는 삶의 대학교다"라고 표현했습니다. 만약 제가 서울이라는 '삶의 대학교'에 있지 않았더라면 이 글을 쓰고 있는 저에게 출판, 강의, 자문 등 다양한 활동을 할 기회가 주어지지 않았을 것으로 생각해요. 지방은 서울만큼 다양한 사람을 만날 기회가 없으므로 새로운 기회를 찾기가 상대적으로 어려워요. 인적 자원 외에도 수도권이 제공할 수 있는 사회적 인프라는 다양해요. 수도권의 철도, 지하철, 버스 등 교통 인프라는 글로벌 최고 수준이며 컨벤션 센터, 문화시설, 백화점 등 편리한 생활 인프라도 갖추고 있어요. 2020년, 한국건설산업연구원에서 진행한 인프라 만족도 조사에 따르면 서울을 포함한 6대 광역시에 거주하는 응답자의 45.1%가 만족한다고 답했지만, 지방에 거주하는 응답자의 13.8%가 만족한다고 답했어요. 사회적 인프라가 좋은 수도권 거주자의 만족도가 높고, 사회적 인프라가 부족한 지방 거주자의 만족도가 낮은 것은 놀랍지 않은 결과입니다.

세 번째 이유는 자산 가치 상승 기회입니다. 한국부동산원이 조사한 공동주택 가격 통계에 따르면 2018년부터 2023년까지 5년간 수도권 공동주택 가격은 50% 상승했으나 지방은 23% 상승했습니다. 수도권은 인구가 몰리고 지방은 인구 소멸 위기에 있으니, 통계 자료가 없더라도 수도권의 주택 가격 상승률이 지방보다 높으리라는 것을 쉽게 예측할 수 있어요.

지방 불평등 문제의 해결 방안은?

지방에 많은 자원이 있고 많은 기회를 가질 수 있게 되면 사람들은 자발적으로 수도권에서 지방으로 이동할 것입니다. ①일자리, ②사회적 인프라, ③자산 가치 상승 기회는 각기 다른 이유처럼 보이지만 사실은 유기적으로 연결되어 있어요. 예를 들어, 정부의 재정 투입으로 사회기반시설이 투자되고 법인세 완화 등과 같은 인센티브를 통해 기업을 유치한다고 생각해 볼게요. 기업과 일자리가 많아지면 지방에 거주하는 인구는 증가할 것이에요. 증가하는 인구는 아파트, 상업시설 등의 가격을 올릴 것이고 지방 거주자들은 높은 자산 가치 상승을 기대할 수 있을 것이에요. 즉, 정부의 사회기반시설 투자가 선순환을 불러일으켜 기업을 유치하고 일자리가 생기면 인구가 증가하고 자산 가치 상승 기회도 생기게 됩니다.

50년 넘게 풀지 못한 문제를 사회기반시설 투자로 해결할 수 있다면 왜 지금까지 지역 불평등 문제를 해결하지 못한 걸까요? 국민의 83.6%가 균형 발전에 동의하고 있는 상황에서 왜 지방보다 수도권에 더 많은 국가 재정이 투입되고 더 많은 사회기반시설이 건설되는 걸까요?

사회기반시설 투자는 누가 어떻게 결정하는 건가요?

사회기반시설이란 국가의 기반을 형성하기 위해 대규모로 투자하여 건설하고 그 경제적 효과가 장기간에 걸쳐 나타나는 자산이에요. 대표적으로 도로, 철도, 항만 등이 있어요. 우리 집은 현재 지하철역에서 도보로 20분이 걸리는데 우리 집에서 5분 떨어진 곳에 신규 지하철역이 들어선다면 얼마나 좋을까요? 국가에서 투입한 재정으로 우리 집에서 가까운 지하철역이 생기고 이에 따라 우리 집의 가치는 크게 상승할 것이에요. 자신에게 이익이 되는 사회기반시설을 서로 유치하기 위해 지역 간에 벌어지는 집단적인 행동을 핌피(Please In My Front Yard, 제발 내 앞마당에 두세요)라고 해요. 쓰레기 소각장, 발전소 등 기피 시설이 들어서는 것을 반대하는 님비(Not In My Back Yard, 내 뒷마당에는 안 된다)와 핌피는 반대되는 현상이에요. 자신에게 이익이 되는 시설은 모두가 유치하고 싶어 하므로 사회기반시설에 대한 공공투자 사업의 사업성을 평가하고 투자 결정을 자문하는 기관이 있어요. 한국개발연구원(Korea Development Institute)의 공공투자관리 센터는 국

각종 생산활동의 기반이 되는 사회기반시설

가 재정이 투입되는 사회기반시설 개발의 사업 타당성을 사전에 평가하고 국가 재정을 효율적으로 운영하기 위해 설립되었어요. 공공투자관리 센터는 사회기반시설 투자에 대한 의사결정을 하기 위해 편익-비용(Benefit-Cost Analysis) 분석을 활용해요. 편익-비용 분석의 결괏값이 너무 낮으면 일반적으로 해당 사회기반시설 개발을 추진할 수 없어요.

편익-비용 분석이란?

편익-비용 분석은 사회기반시설 투자의 비용과 편익을 평가하여 개발사업이 경제적으로 실현할 수 있고 추진할 가치가 있는지 판단하는 방법이에요. 검토되는 사회기반시설 투자의 전반적인 환경과 영향을 평가하고 예상되는 편익을 비용과 비교하는 방법이에요. 편익-비용 분석은 특정 기간(일반적으로 프로젝트 수명) 동안 사회기반시설의 비용과 편익을 정량화해요.

비용에는 건설 비용, 운영 비용, 금융 비용 등 프로젝트와 관련된 비용이 포함됩니다. 편익에는 경제활동 증가, 일자리 창출, 경제적 이익 등이 포함됩니다. 비용과 편익이 숫자로 정해지면 편익에서 비용을 차감한 프로젝트의 순 편익을 산출할 수 있어요. 편익이 비용보다 높으면 프로젝트는 경제적으로 타당성이 있는 것으로 평가됩니다. 이에 반해, 비용이 편익보다 높으면 경제적 타당성이 없는 것으로 평가되어 추진되지 않을 가능성이 큽니다. 편익-비용 분석은 사회기반시설 개발의 경제적 영향을 평가하기 위한 체계적이고 객관적인 분석 방식으로 사회기반시설 투자를 결정하는 의사결정자에게 효과적 도구로 사용됩니다.

프로젝트에 의해 발생하는 편익과 비용을 분석하는 편익-비용 분석

편익-비용 분석은 완벽한 의사결정 도구일까요?

편익-비용 분석은 경제에는 한정된 자원이 있으므로 경제적으로
가장 높은 순 편익을 주는 사회기반시설 투자가 먼저 추진되어야
한다는 생각을 기저에 깔고 있어요. 편익-비용 분석은 투입한 자
원에 비해 산출된 효과가 얼마나 되는지 측정하는 효율성을 중
시해요. 그러나, 편익-효용 분석은 지역 불평등을 심화시켜요. 경

제에서 효율성과 형평성은 일반적으로 서로 상충관계에 있어요. 효율성을 높이는 정책은 형평성을 저해하기 쉬우므로 편익-비용 분석은 완벽하지 않아요. 예를 들어, 수도권 광역급행철도(GTX)의 총비용은 지역적으로 크게 다르지 않을 것입니다. (물론, 수도권의 토지비가 지방의 토지비보다 많이 드나 천문학적인 건설비가 투입되는 총비용 관점에서 보면 큰 차이가 없을 것입니다) 이에 반해, 광역급행철도의 편익은 지역적으로 큰 차이가 있어요. 수도권의 인구와 기업체는 지방보다 압도적으로 많으므로 경기도의 광역급행철도 사업의 편익은 지방의 광역급행철도 사업의 편익보다 월등히 높을 수밖에 없어요.

편익-비용 분석을 지나치게 맹신하게 되면 사회기반시설 투자 사업은 수도권에 집중되며 지역 불평등을 심화하게 됩니다. 정부의 재정 투입으로 사회기반시설이 투자되면 더 많은 기업이 수도권에 집중될 것이고 사람들은 일자리를 찾아 지방에서 수도권으로 이동하게 됩니다. 효율성을 우선시하는 편익-비용 분석은 인구가 많은 수도권에 더 많은 사회기반시설 투자하게 하며 인구소멸 위기에 있는 지방을 더 가난하게 만듭니다.

사회기반시설 투자 결정에
추가로 고려되어야 할 사항은?

편익-비용 분석은 금전적 편익과 비용에 초점을 맞추지만 지역 개발에 대한 선제 투자는 사회적 응집력 향상, 빈곤과 불평등 감소와 같은 비금전적 편익을 고려합니다. 비금전적 편익은 정량화가 어렵기 때문에 편익-비용 분석에서 일반적으로 간과될 수 있어요. 편익-비용 분석은 개별 프로젝트에 대한 투자를 평가하는 데 유용한 도구이지만 경제, 사회 및 환경에 더 광범위한 영향을 미치는 사회기반시설 투자를 평가하는 데 적합하지 않을 수 있어요. 지역 불평등은 국가 경제 전체에 부정적인 영향을 미칠 수 있어요. 기회의 격차와 불평등으로 인한 청년세대의 인구 이동은 지역 불평등의 악순환 구조를 강화하고 국가의 경쟁력을 떨어트려요. 지역 불평등은 사회적 불안을 조장하고 사회적 안정과 결속을 위협하며 기회에 대한 평등한 보장을 저해하기 때문에 반드시 해결해야 하는 문제입니다.

> **"토론거리**
>
> 어떻게 하면 지역 불평등을 완화할 수 있을까요?

지역 불평등을 완화한
독일의 정책

　라이프치히는 구동독에 있는 도시입니다. 라이프치히는 구서독에 있는 도시와 비교하여 사회 인프라가 크게 낙후되었어요. 1990년 갑자기 찾아온 통일은 사회주의 산업도시였던 라이프치히에 큰 충격을 줬어요. 하루아침에 일자리를 잃은 라이프치히 거주자들은 일자리를 찾아 서독에 있는 도시로 대거 이주했어요. 1990년 10월, 독일 재통일 이후 라이프치히 인구는 20% 이상 감소했어요. 사회기반시설과 일자리가 부족했던 라이프치히의 인구는 2000년까지 지속해서 감소했어요. 2000년 초반 라이프치히의 실업률은 약 20% 수준으로 독일 평균인 10%보다 훨씬 높은 수준이었어요.

　2004년, 인구 소멸 위기에 있었던 라이프치히에 기적 같은 변화가 일어납니다. 동유럽 국가들이 유럽연합에 대거 가입하면서 라이프치히의 지리적 중요성이 강화되었어요. 독일 정부는 막대한 재정을 투입하여 유럽을 통틀어 최대 규모인 라이프치히 중앙역을 건설했어요. 또한, 연구

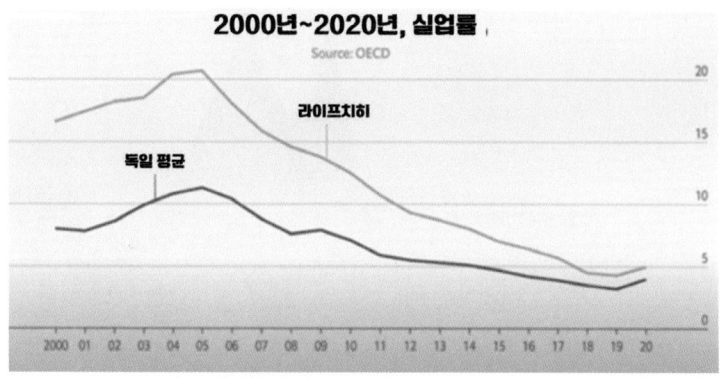

2000년~2020년, 실업률
Source: OECD

라이프치히

독일 평균

2004년 전까지 매우 높은 실업률을 기록했던 라이프치히

역량을 갖춘 대학을 중심으로 산업 클러스터(Cluster)를 만들기 위해 독일 정부는 과감하게 2억 5천만 유로(약 4천억 원)를 투자하여 라이프치히 대학을 현대화했어요. 클러스터란 영어로 무리라는 뜻으로 서로 연관성 있는 유사 기업이나 연구소, 공공기관 등이 한곳에 모아 시너지 효과를 낼 수 있는 산업집적단지를 의미해요.

독일 재통일 후 10년 넘게 줄어들기만 했던 라이프치히 인구는 독일 정부의 과감한 사회기반시설 투자 이후 증가세로 돌아섰어요. 라이프치히 대학을 중심으로 한 산업 클러스터에 기업이 들어오고 일자리가 생기면서 지역 경제가 살아났으며 세금이 급격히 늘었어요. 독일 정부가 편익-효용 분석에만 집착했다면 라이프치히 중앙역과 글로벌 연구 경쟁

국가 재정 투입으로 연구 경쟁력이 높아진 라이프치히 대학

력을 갖춘 라이프치히 대학은 없었을 것이고, 라이프치히는 지금도 '가라앉는 도시'라는 불명예스러운 수식어를 달고 있었을 것입니다.

경제 용어 풀이

핌피(Please In My Front Yard, 제발 내 앞마당에 두세요) : 지역에 이익이 되는 시설(지하철역, 기차역, 병원, 버스터미널 등) 들을 자신의 지역에 끌어오려고 하는 지역 이기주의를 뜻함.

님비(Not In My Back Yard, 내 뒷마당에는 안 된다) : 핌피와 반대되는 개념으로 공공의 이익에는 부합하지만, 자신이 속한 지역에는 이롭지 아니한 시설(쓰레기 소각장, 분뇨처리장, 화장장 등)을 반대하는 지역 이기주의를 뜻함.

편익-비용(Benefit-Cost Analysis) 분석 : 사업으로 발생하는 편익과 비용을 비교해서 시행 여부를 평가하는 분석 방식.

실업률 : 경제활동인구 중에서 직장이 없는 사람들의 비율을 뜻하며 경제활동 인구는 현재 취업자와 적극적으로 구직활동을 한 실업자를 합한 것임.

클러스터 : 비슷한 업종이면서 서로 다른 기능을 하는 관련 기업과 기관들이 모여 있는 특정 지역이나 군집체를 말하며 기업들이 일정 지역에 모여 네트워크 구축과 상호작용을 통해 사업 전개, 부품 조달, 인력과 정보 교류 등 지식과 정보를 공유함으로써 시너지 효과를 기대하는 것임.

참고 문헌

《경제학 팟캐스트》, 팀 하포드/박세연, 세종서적, 2018

《경제학 콘서트 1》, 팀 하포드/김명철, 웅진지식하우스, 2022

《경제학 콘서트 2》, 팀 하포드/이진원, 웅진지식하우스, 2023

《감정경제학》, 조원경, Page2, 2023

《숫자 없는 경제학》, 차현진, 메디치미디어, 2024

《최고의 인재들은 무엇을 공부하는가?》, 후쿠하라 마사히로/김정환, 엔트리, 2015

《하버드의 생각 수업》, 후쿠하라 마사히로/김정환, 메가스터디북스, 2014

《파이낸셜 스토리텔링》, 신현한, 에프앤가이드(FnGuide), 2022

《경제 에스프레소》, 김종승, 한빛비즈, 2023

《EBS 교육대기획 실험》, EBS 〈시험〉 제작팀, 북하우스, 2016